Meditación de los Chakras

Una guía para equilibrar, despertar y sanar sus chakras

Su regalo gratuito

¡Gracias por descargar este libro! Si desea aprender más acerca de varios temas de espiritualidad, entonces únase a la comunidad de Mari Silva y obtenga el MP3 de meditación guiada para despertar su tercer ojo. Este MP3 de meditación guiada está diseñado para abrir y fortalecer el tercer ojo para que pueda experimentar un estado superior de conciencia.

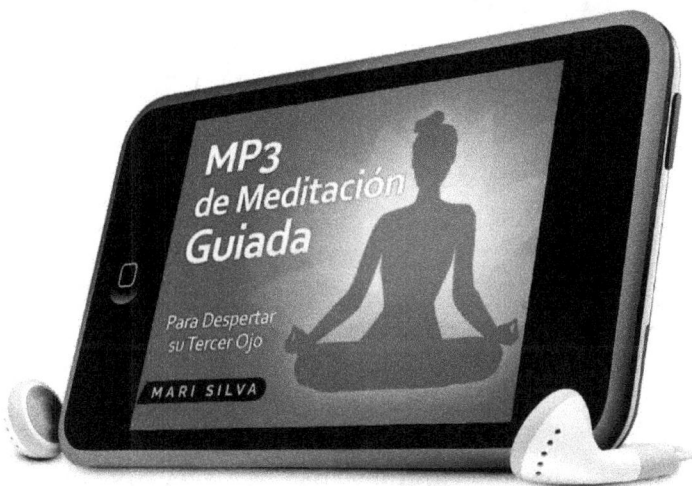

Tabla de Contenidos

Introducción

El concepto de los chakras ha revolucionado al mundo, y por buenas razones. Tanto si se trata de un personaje de televisión que se burla del concepto, como de un gurú en línea que promete desbloquear su *svadhisthana* (¿eh?) a cambio de una importante cantidad de dinero, es probable que haya oído hablar de estos increíbles centros de energía que tenemos dentro. El problema es que la mayoría de las personas no saben con precisión lo que son los chakras y solo cuentan con un conocimiento «superficial», lo que les impide desarrollar plenamente su ser energético y sutil.

Pues bien, querido lector, usted está a punto de salir del grupo de los «no iniciados» y aprender mucho más de lo que imaginó sobre el maravilloso mundo de los chakras. Aprenderá todo sobre las diversas formas de meditación que le ayudarán a abrir sus chakras y hacer que la energía fluya de forma equilibrada. Esto es más importante de lo que cree porque este flujo de energía sostiene todos los aspectos de nuestra vida: física, mental y emocional. Este libro le ayudará a practicar lo que aprende a medida que avanza, ya que es increíblemente completo y desglosa todo el material «woo», haciéndolo sencillo y procesable para usted. Obtendrá una gran cantidad de información sobre los chakras y la meditación, pero lo mejor es que no se sentirá abrumado. Estará ansioso por obtener la información, aprendiendo página tras página mientras resuena con lo que lee.

Esta es la clave si quiere sacarle el máximo provecho: Abandone todos sus prejuicios y complejos ahora mismo, al final de esta introducción. Mantenga su mente abierta y piense que es una esponja que absorbe todo lo que puede. Algunas cosas le llamarán más la atención que otras, no lo ignore. Su espíritu sabe lo que necesita y lo que le será más útil en cada momento. Así que tome notas a lo largo del camino, siéntase libre de releer los capítulos y tome más notas. Con la repetición se aprende. Si algo aquí le resulta difícil, lo último que debe hacer es frustrarse. Vaya con calma; no es una competencia. Mantener los chakras equilibrados es algo que toma toda la vida, así que no se complique y, sobre todo, diviértase en el proceso. Si está preparado, deshágase de su equipaje aquí y prepárese para un viaje salvaje por las energías que le cambiarán la vida.

Capítulo uno: Entender los chakras

Los chakras representan un antiguo sistema de creencias hindú que se remonta a varios miles de años. Este sistema se basa en el concepto de una fuerza viva, o energía vital, llamada prana (que en sánscrito significa viento). Esta energía vital circula por el cuerpo de todas las personas y se mantiene en su lugar gracias a cientos de centros energéticos llamados chakras. A lo largo de la columna vertebral, siete chakras principales o centros de energía actúan como estaciones para que el prana fluya desde el diafragma hacia arriba a través de cada órgano principal y de los chakras mencionados.

Considerado el centro de nuestro ser físico, cada chakra representa también el centro de la conciencia. Es la fuente de nuestra identidad, que se origina en ese centro. Cuando viajamos hacia el interior, podemos alinear ese campo de energía y ver lo que hay en el centro de cada uno de nosotros.

Especulaciones

Algunos dicen que el conocimiento de los chakras se originó con Buda, y otros dicen que el hinduismo los creó para enseñar a las personas la evolución espiritual. Otros, en cambio, creen que los chakras están presentes en todas las religiones de alguna forma. Son una de las muchas creencias sobre el espíritu humano, un tema sometido al debate religioso durante siglos. Las distintas religiones tienen diferentes perspectivas sobre la función de estos centros energéticos, pero la mayoría coincide en su importancia cuando se trata de la autoconciencia, la espiritualidad y la salud.

¿Por qué los tenemos? Según algunos, simplemente existen para ayudar a mantener nuestros cuerpos alineados. Otros dicen que son conexión con lo divino. Otros consideran que los chakras son una representación de los siete cuerpos celestes y los nueve niveles de conciencia. Por ejemplo, existe la idea de que cada persona tiene tres chakras, que se dice que representan la Trinidad o la Unidad; otros dicen que son siete, que representan los siete cielos. En el hinduismo, los chakras también son una forma de explicar lo que ocurre en nuestros cuerpos a través de la reencarnación.

¿Qué aspecto tienen? Aunque cada religión tiene una versión sobre aspecto de los chakras, todas coinciden en que son una forma de energía. Mientras que algunos dicen que se parecen a una flor de loto con pétalos y puntos de diferentes colores en su interior, otros aseguran que se parecen a una burbuja. Algunas religiones creen que los chakras están ubicados dentro del cuerpo, mientras que otras creen que el chakra es un campo de energía alrededor de él. Se dice que cada chakra está conectado a un órgano vital, pero aparte de eso, todas las prácticas espirituales describen los chakras de forma diferente.

¿Dónde se encuentran? El sistema de chakras puede variar según la religión, la cultura y la tradición. En una, hay siete chakras ubicados en el mismo lugar que fluyen en la misma dirección; en otra, son nueve y fluyen de formas diferentes; otros aseguran que son diez, y otros doce. Aunque la mayoría están de acuerdo en el número de chakras y en su propósito, difieren drásticamente de la ubicación de cada uno de ellos.

¿Tienen los chakras algo que ver con la alimentación? Algunos creen que es importante consumir alimentos alineados con nuestros chakras. Se dice que cosas como el agua, los granos y las verduras alimentan el tercer ojo, mientras que la carne y el alcohol van al chakra raíz. Se piensa que los alimentos que ingerimos influyen en nuestra forma de pensar, sentir y actuar y, por tanto, producen diferentes vibraciones en los chakras y en los diferentes niveles de conciencia.

¿Afectan nuestro comportamiento? De nuevo, las opiniones difieren. Algunos creen que emiten energías que afectan nuestra forma de pensar, mientras que otros dicen que afectan nuestra salud y nuestros estados de ánimo. Estas perspectivas varían en función de lo que se busca aprender en la vida. Algunas culturas incluso creen que cada chakra está ligado a una fe particular; abrir estos canales permite creer y seguir verdaderamente una religión determinada.

¿Para qué sirven? La mayoría de las religiones coinciden en que los chakras funcionan como una antena que recibe y emite energía. Se dice que reciben mensajes intuitivos de la Diosa Madre o de Dios, que ayudan a mantener la unión o nos indican cómo evolucionar. También se cree que tienen el poder de acceder a nuestro subconsciente. Algunos dicen que reciben energía de varios planetas, mientras que otros dicen que reciben energía de Dios o de la Madre Tierra cuando están alineados. Normalmente, se cree que envían mensajes a la glándula pineal, que se considera el centro de control más importante del cuerpo humano.

¿Qué tienen que ver con las auras? Algunos creen que las auras están formadas por la energía de los chakras y que, cuando hay un desequilibrio, el aura puede verse afectada. Esto se utiliza para explicar por qué algunas personas se sienten más positivas o negativas que otras.

Los chakras son un conjunto de siete centros psíquicos en el cuerpo humano. La palabra chakra significa «rueda» o «círculo» y se refiere al punto donde se supone que se concentra la energía prana, la vida misma. El hinduismo sostiene que hay siete chakras situados en diferentes órganos del cuerpo físico y que permiten que se emitan diferentes tipos de energía desde cada órgano.

En el hinduismo, los chakras son centros de energía que se libera en función de las necesidades y creencias del cuerpo. Mover estos centros de energía permite hacer cambios en su composición. Cada chakra tiene un propósito específico. En este libro, nos centraremos en el sistema que comprende siete centros de energía principales:

- El chakra raíz o *Muladhara* (*Mula* significa «raíz», *adhara* significa «base» o «soporte»).

Símbolo del chakra raíz

- El chakra sacro o *svadhisthana* (*Sva* significa «el propio hogar», *adhisthana* significa «hogar» o «morada»).

Símbolo del chakra sacro

- El chakra del plexo solar o *Manipura* (*Mani* significa «gema», *puri* o *pura* significa «ciudad»).

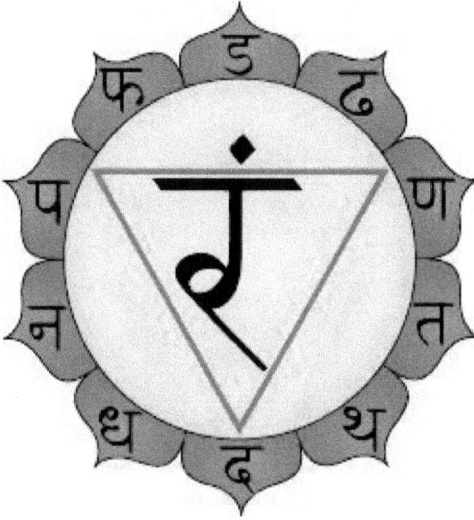

Símbolo del chakra del plexo solar
Wikipedia:User:AndyKali, modificado por User:Iṣṭa Devatā, CC BY-SA 3.0
https://creativecommons.org/licenses/by-sa/3.0/ vía Wikimedia Commons:
https://commons.wikimedia.org/wiki/File:Recorrected_manipura.png

- El chakra del corazón o *Anahata* (Significa «imbatible» o «sin daño»).

Símbolo del chakra del corazón
Atarax42, CC0, vía Wikimedia Commons:
https://commons.wikimedia.org/wiki/File:Chakra4.svg

- El chakra de la garganta o *vishuddha* (también llamado *vishuddhi*. *Shuddhi* significa «puro», y *vi* es una palabra que representa una intensificación de lo que califica, por lo que *vishuddha* significa «muy puro».

Símbolo del chakra de la garganta

- El chakra del tercer ojo o *Ajna* (Significa «más allá de la sabiduría», «comando» o «percepción»).

Símbolo del chakra del tercer ojo

- El chakra de la corona o *Sahasrara* (Significa «mil pétalos»).

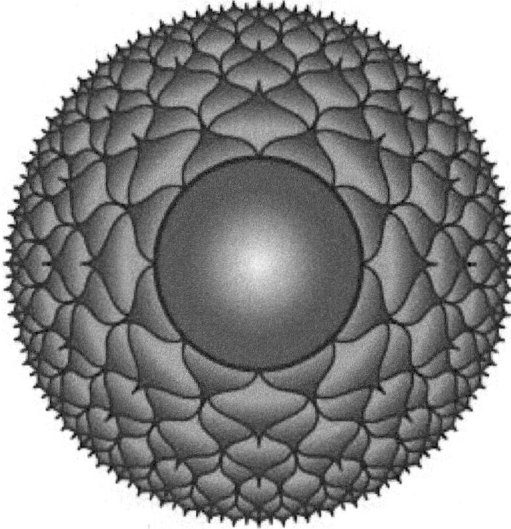

Símbolo del chakra de la corona
Atarax42, CC0, vía Wikimedia Commons: https://commons.wikimedia.org/wiki/File:Chakra7.svg

El propósito de los chakras

El sistema de chakras es un concepto antiguo que ha llamado la atención de muchos psíquicos, investigadores y profesionales de la medicina. Se considera el centro de energía responsable de todas las funciones humanas, desde la reproducción y la digestión hasta las emociones y los pensamientos. Cada chakra funciona como un centro de energía que pasa información del cuerpo y la mente a otras partes del cerebro.

Los chakras son una parte integral de la espiritualidad que enfatiza en el equilibrio de las energías a lo largo de la vida. Están situados a lo largo de la columna vertebral, comenzando en su parte inferior con nuestro primer chakra o chakra raíz. Estos chakras rigen nuestros instintos básicos de supervivencia y funciones físicas como la digestión y la comunicación con el cerebro.

Más que nada, se cree que los chakras son centros espirituales y energéticos. Se cree que su papel en la vida de una persona va más allá de lo físico, ya que rigen sus pensamientos, emociones y acciones. Gracias a los chakras, se puede acceder al prana, que es la fuerza vital que interviene en todas las acciones humanas. Si los chakras funcionan correctamente, suministran al cuerpo y a la mente todo lo que necesitan para funcionar de forma equilibrada.

Aunque los chakras son una parte importante del hinduismo, el concepto no es exclusivo de este sistema de creencias. Existe todo un campo de investigación dedicado a estudiar los sistemas de chakras y su papel en la salud y la conciencia humanas. Este campo se conoce como ciencia de los chakras. Hoy en día, muchas personas están explorando la relación entre antiguas creencias espirituales como los chakras y las teorías científicas modernas. Hay teorías que van desde la energía chi en relación con las reacciones electromagnéticas del cerebro hasta los sistemas de equilibrio interno que ayudan a regular las funciones corporales y emocionales.

En la antigua India, los chakras se utilizaban como método de meditación y curación durante toda la vida, desde la infancia hasta la vejez. A través de la meditación y la adoración de dioses (*Ishta Deva*), mediante la práctica del *karma* yoga, *samyama* yoga o *dharma* yoga (acción correcta), la oración o *bhakti* yoga (devoción a través del canto del mantra), o mediante la práctica de austeridades como el *kriya* yoga (acción correcta) una persona puede equilibrar sus chakras para funcionar correctamente en el mundo.

Para comprender mejor el sistema de chakras, será útil imaginar el cuerpo físico como el hogar del cuerpo energético, que alberga los chakras y actúa como centro de toda la energía vital. Los centros de energía están en los siete chakras que se encuentran a lo largo de la columna vertebral, empezando por el coxis y subiendo hacia el cerebro. Cuando todos ellos están en equilibrio, se cree que una persona será feliz y armoniosa, tanto interiormente como con el mundo que la rodea. Cuando uno o más de estos centros están desequilibrados (o bloqueados), pueden producirse alteraciones en las energías con consecuencias terribles.

Por qué debería abrir y equilibrar sus chakras

A lo largo de nuestra vida experimentamos diversas emociones y acontecimientos que pueden bloquear o desequilibrar nuestros chakras. Estos bloqueos en el flujo de energía de los chakras pueden causar dolores físicos y emocionales, por lo que es importante identificarlos y desbloquearlos lo antes posible.

Además, los chakras desempeñan un papel importante en la salud espiritual y física del cuerpo. Cuando están abiertos y activos, la energía se mueve libremente por todo el cuerpo, reduciendo el estrés y favoreciendo la relajación. Los síntomas de enfermedades como dolores de cabeza, de espalda y el insomnio suelen desaparecer cuando un chakra se equilibra. Si se centra en equilibrar la energía y abrir los chakras, puede fomentar un entorno más sano y feliz en su cuerpo.

Si sus chakras no están funcionando correctamente, es importante identificar por qué está sucediendo esto para que pueda tomar medidas y restaurar el equilibrio de su flujo energético. A continuación, se exponen cinco posibles razones para el desequilibrio de los chakras y cómo se puede cambiar cada una de ellas para sentirse bien.

Incomodidad: Cuando sus chakras están bloqueados, la energía no fluye a través del sistema. Si esto le está ocurriendo, considere las formas en que está experimentando dolor o incomodidad en su cuerpo, puede estar relacionado incluso con lo que está haciendo cuando experimenta estos síntomas. Piense en un momento en el que se sintió muy feliz o contento. Esto puede ayudarle a restablecer un buen estado de ánimo que le permitirá fluir naturalmente con más facilidad. Otra solución sencilla es hacer ejercicios de respiración durante tres minutos para conseguir un estado de ánimo más equilibrado y aumentar la conciencia sobre las molestias del cuerpo. Para quienes prefieren un enfoque más físico, también es importante tener en cuenta la postura que tiene cuando experimenta el malestar. Aunque algunas incomodidades son inevitables, muchos dolores físicos están relacionados con la postura.

Bajón emocional: Es fácil volverse insensible a las emociones negativas. Esto puede hacer que se ignore un bloqueo en los chakras y, en su lugar, se sienta dolor por eventos pasados o miedo del futuro. Si se concentra en sus sentimientos desde el momento en que experimenta un malestar, puede atraer sentimientos de felicidad y satisfacción a su vida. Si está bloqueando el dolor mental o emocional, una buena idea es enfrentarlo. Puede escribir lo que siente y luego quemar el papel para liberar la energía negativa de su vida.

Estrés ambiental: La vida está llena de ocupaciones, especialmente si trabaja fuera de casa. El ajetreo del mundo puede provocar estrés por el incremento de la actividad, lo que produce el bloqueo y el desequilibrio de los chakras. Si esto le ocurre, considere formas de equilibrar su vida balanceando sus actividades cotidianas.

Si prefiere métodos más naturales para aliviar el estrés, considere la posibilidad de trabajar con la naturaleza para tranquilizarse. Los ejercicios de respiración y la meditación también pueden ayudarle a aliviar el estrés físico, caminando y respirando aire fresco para aliviar la tensión mental. Al empezar a sanar los chakras, es importante que tenga en cuenta los efectos físicos del exceso o la falta de ejercicio y cómo esto afecta su estado de ánimo.

Tristeza y depresión: Muchas personas hoy en día están experimentando situaciones de vidas pasadas o circunstancias anteriores que parecen repetirse en su presente. Estos viejos sucesos pueden seguir influyendo y generando un estado de ánimo triste o una depresión. Los consejos para liberar los cierres emocionales también se aplican aquí. Al trabajar con sus pensamientos, puede cambiar su situación actual y resolver las emociones negativas del pasado.

A nivel físico, es importante identificar la causa de la depresión antes de avanzar. La falta de sueño es una de las causas más comunes de la depresión, y la mala alimentación también juega un papel importante. Intente crear un plan de comidas más saludable y no olvide incluir las vitaminas necesarias para una nutrición adecuada.

TDA/TDAH: Antes de entrar en materia, tenga en cuenta que esto no sustituye al diagnóstico de un profesional, y que nunca debe autodiagnosticarse. Algunas personas han pasado de ser individuos centrados, capaces de completar tareas con facilidad, a ser repentinamente incapaces de enfocarse o concentrarse. Hay algunas circunstancias en las que esto podría deberse a un bloqueo de los chakras y no a un TDA/TDAH. Esto ocurre cuando se experimenta una «confusión cerebral», cuando se es incapaz de mantener la concentración en un pensamiento y de procesarlo completamente. En estos momentos, es importante que sepa que puede estar experimentando hiperactividad debido a una mayor sensibilidad de un chakra bloqueado. En este caso, la meditación le ayudará a conseguir un equilibrio que mejorará su concentración. Un médico también puede recetarle medicinas, además de cambios en el estilo de vida y la dieta.

Estos son solo algunos consejos generales que pueden ayudarle con sus chakras. En los capítulos siguientes nos centraremos en cada chakra y en cómo la meditación puede ayudarle a despertarlos, a equilibrar su actividad y a asegurar que el prana fluya sin obstáculos dentro y a través suyo. De nuevo, ¿por qué es importante esto? No tendrá que hacerse esa pregunta cuando note los efectos de esta fuerza vital en su vida, y nunca necesitará un recordatorio para asegurarse de estar siempre en equilibrio. Ahora es el momento de hablar de la meditación.

Capítulo dos: Fundamentos de la meditación

El proceso de meditación implica disciplinar su mente y enseñarle a estar en el presente para trascender los confines del mundo físico y acceder a la conciencia superior o a la divinidad pura. Desde este estado, puede hacer lo que quiera, ya sea manifestar algo o simplemente disfrutar del rejuvenecimiento que supone estar en sintonía con el espíritu y que automáticamente da frutos positivos para su vida física. No es de extrañar que la meditación se haya practicado durante miles de años y que siga teniendo vigencia hoy en día. Esto se debe a que quienes la practican diariamente pueden dar fe de los múltiples beneficios físicos y espirituales que ofrece.

Desde la antigüedad, muchos rituales de curación han tratado de sanar enfermedades mentales y mejorar la estabilidad. Uno de estos rituales, utilizado por diferentes culturas a lo largo del tiempo, es la meditación. Esta práctica ha sido ampliamente investigada por sus beneficios en términos de alivio del estrés, mejora de la memoria, del sistema inmunológico, de la salud física (en particular la salud del corazón), del estado de ánimo y reducción de los niveles de ansiedad.

Existen diferentes tipos de meditación, incluidas las prácticas meditativas budistas e hindúes, y diversas formas de conciencia plena. Independientemente del propósito de la meditación, el proceso implica tres etapas básicas:

- Concentrarse en un único punto para regular la mente.
- Romper la barrera mental entre la observación de la realidad exterior y la propia mente.
- Cultivar una aceptación amorosa de uno mismo tal y como es.

La primera etapa de la meditación consiste en concentrar la atención en algo concreto, como la llama de una vela o la respiración. Esto regula la mente asegurando que no se desvíe de sus puntos de referencia. Esta concentración promueve una estabilidad psicológica que favorece la meditación. En resumen, el meditador entrena su mente para lograr una concentración sólida y lúcida. Esto se hace mediante el canto repetitivo de un determinado mantra, que trataremos en otro capítulo.

La segunda etapa de la meditación se conoce como «atravesar» o «romper la barrera». El objetivo durante esta etapa es despejar las distracciones y concentrarse en un solo punto.

La tercera y última etapa es la autoaceptación. El meditador busca ahora aceptarse a sí mismo tal y como es. Empieza a comprender que la mente no está separada del cuerpo y que se puede sentir y pensar sin que ninguna barrera artificial como un bloqueo o un pensamiento lo impida. En esta etapa, la persona se acepta a sí misma en cualquier circunstancia.

Cada etapa tiene sus beneficios y desafíos. Por ejemplo, la concentración puede conducir a una mayor conciencia, haciendo que se sea más receptivo al mensaje de la meditación. Por otro lado, la concentración también puede crear un tipo de «adormecimiento psíquico», que puede dificultar la aceptación de uno mismo y de los demás.

Por qué debería meditar

¿Por qué debería molestarse en meditar? Si está constantemente de un lado para otro, con la cabeza sumida en pensamientos y preocupaciones vertiginosos, la meditación puede ayudarle. La meditación ralentiza las ondas cerebrales y le ayuda a alcanzar la relajación y la concentración. Claro, siempre es fácil decir «relájese», porque en teoría todos sabemos cómo hacerlo. Pero cuando nos mantenemos corriendo por la ciudad todo el día sin tiempo para nosotros mismos, ¿cómo vamos a hacer ejercicios de respiración profunda?

La meditación es una forma de trabajo duro para el cerebro, y no hay mejor ejemplo que el ejercicio de sincronizar el ritmo cardíaco con la respiración en inhalaciones y exhalaciones largas y continuas. ¿Trabajar? Por eso es crucial tener un momento de la vida para dedicar a la meditación.

La meditación es un ejercicio mental. Cuando la mayoría de la gente piensa en hacer ejercicio, tiene la imagen de pasar horas en el gimnasio con pesas y máquinas. En cierto sentido, la meditación es similar: un lapso sostenido de energía concentrada que tonifica la mente y aporta beneficios considerables. Si medita constantemente durante cinco minutos o más cada día, notará una sensación de calma y felicidad, además de menos estrés y dolores crónicos.

La meditación entrena al cerebro para concentrarse en una cosa a la vez e ignorar las distracciones. Es una de las cosas más difíciles de lograr, pero es crucial, sobre todo para ser productivo en el trabajo o en la escuela. La meditación es una habilidad que se puede desarrollar y dominar con paciencia y práctica. Cuanto más la practique, más fácil le resultará concentrarse y enfocarse, incluso en situaciones difíciles, como reuniones o conferencias aburridas, o soportar el tráfico en una hora pico. Le sorprendería saber lo libre de estrés que estaría su vida si pudiera dedicar unos minutos al día a despejar su mente y concentrarse en algo totalmente distinto.

Entonces, ¿por qué debería entusiasmarlo la idea de que la meditación sea parte de su cotidianidad? Ayuda a evitar el envejecimiento y mejora la salud física del cerebro. Cuando las ondas cerebrales se ralentizan durante la meditación, el lóbulo frontal del cerebro se agudiza. Al mismo tiempo, los dos hemisferios se sincronizan y se equilibran mejor, lo que permite que la mente funcione con su máximo nivel de energía. (Casi todos perdemos esta capacidad a medida que envejecemos).

La meditación reduce el estrés y lo hace más feliz. También ayuda a aprender y a concentrarse mejor. Cuando medita, empieza a notar cambios en su fisiología y en su mente: empieza a construir un nuevo circuito de memoria para el aprendizaje. Con el tiempo, se vuelve más atento y enfocado. Además, crea una sensación de bienestar, un sentimiento positivo que ayuda a mejorar su salud de muchas maneras, incluyendo un sistema inmunológico más fuerte. No es un secreto que una función inmunitaria débil puede provocar numerosas afecciones crónicas, como enfermedades cardíacas, cáncer y diabetes. ¿La razón? El estrés. Cuanto menos estrés experimente, más sano será su sistema inmunitario, lo que ayudará a evitar que las enfermedades se manifiesten.

Tipos de meditación para principiantes

La meditación de la respiración: La primera meditación que debe aprender es la meditación de la respiración. La conciencia de la respiración es clave para meditar, y es una de las técnicas básicas para los principiantes. Esta meditación básica se puede hacer en cualquier momento y en cualquier lugar.

1. Busque un lugar tranquilo y cómodo donde no lo molesten y pueda relajarse entre cinco y veinte minutos.

2. Siéntese en una silla o en el suelo, lo que le resulte más cómodo.

3. Cierre los ojos o manténgalos levemente abiertos. Empiece a concentrarse en su respiración, como si estuviera físicamente delante de usted como un objeto que puede ver entrar y salir de su cuerpo con cada inhalación y exhalación.

4. Si nunca ha hecho este tipo de meditación, puede que su mente se distraiga de la respiración y vaya a otros pensamientos o preocupaciones. No pasa nada, simplemente reconozca cuando esto ocurra y vuelva a concentrarse lentamente en la respiración.

5. A medida que continúe, el tiempo entre los pensamientos distractores se hará más largo, haciendo que la meditación sea más fácil durante los momentos en los que solo debe estar sentado.

La meditación de la conciencia del cuerpo: Si es nuevo en la meditación, aprender sobre cada parte de su cuerpo y cómo se siente puede resultar muy útil. En este tipo de meditación, se concentrará en diferentes partes de su cuerpo y en sentirlas. Por ejemplo, puede concentrarse en los músculos de las piernas mientras los tensiona, escuchar los latidos de su corazón o los sonidos de su respiración. También puede concentrarse en otros aspectos como la presión, la temperatura y las sensaciones de hormigueo en todo el cuerpo.

Meditación con un diario: No todas las meditaciones tienen que suceder dentro de su mente o en una habitación tranquila con una luz suave. También puede utilizar la escritura para meditar. Esta es una gran opción para quienes están interesados en crear una práctica diaria, pero no tienen tiempo en su agenda para sentarse y meditar, o quienes necesitan una herramienta extra para lograr que la meditación sea parte de su rutina.

Meditación caminando: La meditación caminando es un tipo de meditación muy diferente que requiere la conciencia de cada paso que se da. Como se ha mencionado anteriormente, se trata de una forma activa de meditación y no de un simple paseo por el parque. Comience caminando lenta y deliberadamente, cuanto más despacio camine, mejor. Mientras camina, sea más consciente de cada paso. ¿Qué siente con cada paso? ¿Sus pies tocan el suelo en cada paso que da? ¿Afecta el peso de su cuerpo a la presión que ejerce cada paso en sus pies? ¿Qué siente al inhalar profundamente y exhalar mientras pone un pie delante del otro? En poco tiempo, se dará cuenta de que este tipo de meditación es fácil de hacer en cualquier momento y en cualquier lugar y, de hecho, puede convertirse en una práctica natural con el tiempo.

Yoga: Nos referimos específicamente a esta práctica para principiantes. El yoga es una forma estupenda de empezar una práctica de meditación centrada en el movimiento. Es una gran manera de encontrar el equilibrio entre el cuerpo, la mente y el espíritu. Dependiendo de su práctica de yoga, puede encontrar muchas maneras de meditar: puede utilizar meditaciones guiadas durante la clase o concentrarse en su interior mientras su cuerpo se estira y se mueve en diferentes posturas. Puede que incluso le apetezca experimentar la misma paz y serenidad que en otras formas de meditación mientras está en la esterilla. Muchas personas consideran que esta es una gran forma de acostumbrarse a la meditación cuando no se sabe cómo hacerla correctamente.

Una forma extra de meditar: Con sus sentidos. Meditar con los sentidos es otra gran manera de hacerlo. Implica sentarse en silencio, identificar y concentrarse en diferentes cosas que escucha, toca, huele, saborea o ve. Si puede concentrarse en diferentes cosas, podrá separarse de su sentido del yo y ser más consciente del mundo que lo rodea. Cuando las personas practican este tipo de meditación, dicen sentirse más tranquilas y relajadas al terminar.

Si no tiene tiempo para una larga sesión de meditación, o si simplemente no encaja en su horario, considere la posibilidad de meditar durante cinco minutos antes del trabajo o antes de acostarse. Incluso puede cerrar los ojos durante cinco minutos y meditar un momento antes de abrirlos. Una meditación breve es mejor que no meditar en absoluto.

¿Qué es la meditación de los chakras?

La meditación de los chakras consiste en asegurarse de que los centros de energía o chakras de su cuerpo energético permanezcan abiertos, activos y equilibrados. En esta forma de meditación, trabajará con su conocimiento de los chakras y la forma en que interactúan entre sí y con el resto de su cuerpo. Esto es diferente de solo reconocer el cuerpo físico, ya que debe ser más consciente de su sistema energético. Por lo tanto, si está practicando la meditación de los chakras, debe estar más en sintonía con esta parte energética sutil de usted mismo.

No es algo fácil de hacer, pero es una técnica muy útil para eliminar tensiones en su vida y mejorar la calidad de la misma. Puede ver los chakras como si fueran notas musicales en una escala. Cuando algo no está bien, el resultado es una terrible discordancia. La colocación de las notas en la escala es importante. Del mismo modo, cuando está en equilibrio energético, su sistema de energía funciona bien, al igual que otros aspectos de su vida; y cuando no lo está, su energía está desalineada.

Para la meditación de los chakras, tiene que aprender sobre los diferentes centros energéticos de su sistema energético y cómo interactúan con cada aspecto de su cuerpo y de su vida en general. Por ejemplo, el primer chakra se encuentra en la base de la columna vertebral y está asociado con los órganos sexuales. También se asocia con las emociones y las necesidades del cuerpo. Si ha tenido problemas con estas cosas, puede hacer un trabajo con el chakra raíz.

Una vez que aprenda las especificidades de los diferentes chakras, podrá decidir cómo trabajar con ellos. Así, por ejemplo, si su primer chakra está en un estado desarmónico y necesita ser trabajado, lo mejor es meditar en su cuerpo tal y como está ahora. Si su segundo chakra está demasiado estimulado o hiperactivo, puede utilizar técnicas de respiración como los ejercicios de *pranayama*, que pueden ayudar a calmar y equilibrar su sistema energético. Aprenderá más sobre el trabajo con cada chakra en capítulos posteriores. Por ahora, abordemos los diversos mitos y conceptos erróneos sobre la meditación.

Para cada chakra, todo lo que debe hacer es trabajar con la meditación de la respiración mientras mantiene su conciencia en el chakra con el que está trabajando. Puede imaginar el color del chakra en cuestión envolviendo su cuerpo, o visualizar el chakra mientras respira. Puede visualizar que el aire que inhala y exhala entra y sale de ese chakra en lugar de la nariz o la boca.

Visualizaciones en la meditación: ¿Necesarias o no?

Las visualizaciones son útiles para la meditación si no está acostumbrado a meditar y encuentra dificultades para conseguir lo que busca de su práctica. Sin embargo, debe saber que la visualización no es lo mismo que la meditación: puede funcionar como una herramienta de ayuda y entrenamiento. Aun así, depende de usted utilizar esta herramienta para que le ayude a su mente a llegar a un estado de meditación.

Las visualizaciones suelen hacerse con los ojos cerrados, sentado en la posición de loto o acostado (se prefiere la posición de loto porque mantiene la simetría de las piernas y los brazos). Es importante estar en un lugar tranquilo donde no lo molesten, para que pueda concentrarse en su visualización. Debe comenzar este proceso cerrando los ojos, inhalando profundamente por la nariz durante cuatro segundos y exhalando por la boca durante ocho segundos. A continuación, busque un lugar que quiera visualizar. Puedes ser cualquier cosa, desde un jardín tranquilo y apacible hasta un lugar agradable en el que brille el sol. Lo importante es que se mantenga concentrado en lo que está visualizando. Si empieza a aburrirse o tiene dificultades con la visualización, deténgase y vuelva a intentarlo más tarde. Debe recordar que, aunque las visualizaciones son útiles, no son tan eficaces como la meditación real, porque no son tan directas.

Desmontando mitos sobre la meditación

Hay muchos conceptos erróneos y mitos sobre la meditación. Aquí se abordan algunos de ellos.

Mito nº 1: La meditación es religiosa

La meditación no es intrínsecamente religiosa, pero eso no significa que no pueda ser practicada por personas religiosas, espirituales o con una estructura de creencias específica. La meditación se centra en quien la practica y su experiencia en el momento, no en ningún poder superior, deidad u otra fuerza espiritual que haga que el sol salga y se ponga cada día (aunque puede meditar en su deidad preferida). La meditación consiste en aprender a conectar con usted mismo más profundamente de como lo hace en su día a día, esté o no relacionado con la espiritualidad.

Mito nº 2: No está haciendo nada importante

La meditación es una forma eficaz de hacer algo importante: lo que hace al final de la meditación, cuando vuelve a concentrarse en el momento presente, es muy importante. Puede ser tan simple como calmarse y concentrarse en la respiración durante unos minutos, o algo mucho más elaborado, como crear una mentalidad positiva para usted o resolver un asunto o problema de su vida. Algo tan simple como aumentar su energía vital o incrementar el bienestar de su cuerpo y mente al final de la meditación es extraordinariamente importante, ya que lo ayudará en todos los aspectos de su vida.

Mito nº 3: La meditación no es para todos

La meditación no es una moda o una tendencia pasajera. Se inició hace miles de años y aún hoy se practica en todo el mundo, tanto por personas religiosas como por aquellas que no siguen ninguna religión en particular. La meditación también se utiliza para ayudar a las personas a mejorar sus vidas mental y físicamente. No es necesario ser un monje que ha meditado durante 24 horas al día durante las últimas 50 vidas. Ni siquiera es necesario tener una inclinación espiritual. Todo lo que necesita es a usted mismo y cinco minutos. Eso es todo. Es tan «para todos» como la meditación.

Mito nº 4: Se sentirá incómodo

Si no está acostumbrado a sentarse en un lugar durante mucho tiempo, es posible que experimente una pequeña incomodidad física. Como muchas personas han descubierto, lo más difícil de empezar una práctica de meditación es acostumbrarse a permanecer sentado, incluso durante unos minutos. Esto no significa que tenga que levantarse y caminar, si lo hace, su meditación habrá terminado. Puede sentarse y mover las piernas de vez en cuando o dar una ligera sacudida a su cabeza o a su cuerpo en caso de incomodidad. Se acostumbrará cuando lo haya hecho suficientes veces.

Mito nº 5: Necesita la mentalidad perfecta

La meditación no consiste en ponerse unas gafas de color de rosa y pensar que «todo está bien y es bonito». Se trata de ser consciente de su estado actual en cualquier momento, desde la perspectiva de ese momento y no de una fantasía de cómo se supone que deberían ser las cosas en su vida. En otras palabras, si busca una vida imaginaria perfecta en la que todo esté resuelto y no tenga ningún problema, o si busca algo que haga su vida más agradable y sus días más tranquilos, meditar no va a hacer que eso ocurra. La meditación es un proceso que le ayuda a ser más consciente de su realidad y le da las herramientas para afrontar la vida tal y como es, no para convertirla en una *Pollyanna* que no existe.

Posiciones del cuerpo

Para simplificar las cosas, puede sentarse en una silla con la espalda recta, los pies apoyados en el suelo y las palmas de las manos puestas cómodamente sobre los muslos. También puede sentarse en la posición de loto, con las piernas dobladas hacia el torso y cruzadas por los tobillos, como hacen los monjes. También puede meditar en un sillón reclinable, pero asegúrese de no quedarse dormido. Lo mismo ocurre si decide meditar acostado. Puede ser útil mantener una mano en una posición en que se caiga si se queda dormido. Esto supone que no está haciendo una meditación en movimiento, como el yoga o la caminata.

Trabajo de respiración

El trabajo de respiración, también llamado *pranayama*, es una forma de meditación que consiste en utilizar la respiración para alcanzar un estado de conciencia elevado. Puede ayudarle a desarrollar el control de su mente y permitirle «aquietarla». El objetivo es estar completamente presente en el momento en que se vive y no en una fantasía sobre el futuro. Cuando se hace bien, el trabajo de respiración puede ser placentero y agradable, algo que la gente suele encontrar relajante o calmante una vez que lo domina. Simplemente hay que inhalar de una manera determinada y luego exhalar de otra. Se repite esto hasta que la mente se ha calmado lo suficiente como para sentir que se está despierto y vivo.

El trabajo de respiración se practica en diferentes velocidades para ayudar a los resultados de la práctica, pero la mayoría de la gente encuentra que se vuelve más meditativo cuando el ritmo de inhalación y exhalación son más lentos. Es importante concentrarse en cada respiración y en su calidad. Esto permite que su mente se concentre y sea más consciente de lo que ocurre en su interior. El proceso puede elevarse si se realiza una inhalación profunda y se mantiene durante cuatro o cinco segundos, y luego se exhala lentamente durante unos siete segundos antes de volver a empezar.

Al igual que con la meditación, cuanto más haga el trabajo de respiración, mejor le irá y más progresará. Es una forma estupenda de iniciarse en la meditación, ya que puede ayudarle a sentarse en un lugar durante períodos más largos y a acostumbrarse a meditar. El trabajo de respiración consiste en utilizar la respiración para concentrarse y estar presente en usted mismo, en lugar de dejar que su mente divague. Se trata de ser consciente de lo que está ocurriendo aquí y ahora, no de un mundo de fantasía idealizado que no existe, o de pesadillas sobre lo que podría ocurrir en el futuro si las cosas no salen como quiere. Más adelante, aprenderá más sobre las diferentes formas de trabajo respiratorio para cada chakra.

Cuestionario rápido: ¿Es la meditación adecuada para mí?

Responda sí o no a las siguientes preguntas:

1. ¿Tiene interés en la meditación?

2. ¿Está dispuesto a meditar una o dos veces al día durante al menos cinco o diez minutos?

3. ¿Dispone de unos minutos diarios para sentarse a meditar?

4. ¿Es la relajación una parte importante de su vida?

5. ¿Quiere mejorar su vida con el poder de la meditación?

6. ¿Está concentrado en hacer muchas cosas al tiempo, o solo una cosa a la vez?

7. ¿Quiere ser capaz de usar la mediación para lidiar con el estrés?

8. ¿Está dispuesto a abrirse a la idea de que la meditación no va a ser siempre fácil ni va a cambiar cómo se siente?

9. ¿Está dispuesto a sentarse en un lugar tranquilo y concentrarse en su respiración y en cómo se siente su cuerpo durante cinco o diez minutos como mínimo?

10. ¿Está abierto a la idea de que su mente puede divagar mientras medita, y eso está bien?

11. ¿Quiere hacer de la meditación una parte de su estilo de vida en lugar de una solución rápida?

Total Sí: _____ Total No: _____

Si ha respondido afirmativamente a la mayoría de estas preguntas, entonces la meditación es para usted. Si ha respondido que no a más de cuatro preguntas, y es porque cree que no puede encontrar tiempo para meditar cada día, entonces aquí tiene algo que cierto hombre sabio dijo una vez: «Tengo tanto que hacer hoy que debo meditar durante dos horas en lugar de una». No, eso no significa que tenga que meditar literalmente dos horas, pero necesita la meditación más de lo que cree. Intente practicar durante una semana y verá cómo se siente. De nuevo, solo necesita cinco minutos.

Capítulo tres: La curación del chakra raíz

Antes de entrar en el análisis del chakra raíz, echemos un rápido vistazo a las correspondencias de este centro energético.

Correspondencias

Sánscrito: *Muladhara*

Significado: Soporte de la raíz

Color: Rojo

Sonido de la semilla: Lam

Ubicación del cuerpo: Perineo

Elemento: Tierra

Propósito psicológico: Supervivencia

Carga: Miedo

¿Qué hace el chakra raíz y por qué es importante?

El chakra de la raíz está situado en la parte inferior del cuerpo, justo encima del lugar que apoya en el suelo cuando medita. Es uno de sus principales «centros de energía» y le ayuda a estar más enraizado, a mantener una relación sana y amorosa con usted mismo o con los demás y a sentirse conectado con la naturaleza. El chakra de la raíz permite conectar profundamente con el cuerpo para cuidarlo bien, permitiendo una fuerte conexión con las necesidades físicas.

El chakra raíz a menudo puede requerir una limpieza kármica para estar equilibrado, pero esto no significa que esté «mal» o «erróneo». Si su chakra raíz está desequilibrado, puede esperar literalmente que le cueste enraizarse o tener una conexión fuerte con la tierra. Puede evitar estas dificultades asegurándose de que sus otros chakras están equilibrados, pero es mejor trabajar que solo confiar en que suceda lo mejor. El chakra raíz también le ayuda durante la meditación porque le permite estar más conectado con la tierra y ser más consciente de lo que ocurre en su cuerpo y de cómo lo proyecta a los demás.

El chakra raíz suele asociarse con el sentido de pertenencia por la tierra y con una profunda conexión con la naturaleza. También tiene un fuerte vínculo con las emociones. Cuando el chakra raíz está equilibrado, puede experimentar emociones más profundas y satisfactorias y estar más conectado y enraizado con usted mismo. Puede sentirse más en paz con usted mismo y con su entorno, y experimentar una conexión fuerte con la vida misma.

Efectos físicos de un chakra raíz bloqueado

Un chakra raíz bloqueado puede causar muchos efectos físicos, pero el más común es el dolor de espalda. Esto se debe a que cuando su conexión con la tierra está bloqueada, y no puede atraer o enviar su energía a la tierra, esta se queda dentro de su cuerpo y se concentra en las áreas problemáticas. También puede experimentar otros problemas como calambres en las piernas, tensión muscular, fatiga y agotamiento, presión arterial alta, etc.

Es importante equilibrar este chakra antes de que empeore, porque cuanto más tiempo permanezca bloqueado, mayor será la probabilidad de desarrollar problemas más graves que un simple dolor general. Su chakra raíz bloqueado puede empezar a cerrar sus centros de energía. Como resultado, puede sentir adormecimiento alrededor de las plantas de los pies, y puede llegar a ser bastante doloroso. Si está experimentando esto, busque ayuda lo antes posible para eliminar el bloqueo y no seguir perdiendo energía.

Efectos emocionales de un chakra raíz bloqueado

Si tiene el chakra raíz bloqueado y está experimentando problemas emocionales, debería ser capaz de rastrearlos a través de sus demás «centros de energía», porque es donde suele empezar. Puede experimentar diferentes tipos de problemas, que van desde la depresión y la ansiedad hasta no ser capaz de encontrar satisfacción en sus relaciones o trabajo. También puede tener problemas de comunicación porque tiene dificultades para expresar sus emociones más profundas, o incluso siente que no existen. Redescubrir las emociones internas es fundamental para encontrar lo que buscamos, y a veces las emociones pueden bloquearnos porque tenemos demasiado miedo del lugar a dónde nos pueden llevar.

Cuando tiene un desequilibrio energético en el chakra de la raíz, puede sentirse desconectado de usted mismo, lo que puede provocar ansiedad, depresión o ataques de pánico. Es posible que no pueda pensar con claridad por los bloqueos y, como resultado, su pensamiento puede nublarse. Puede que empiece a sentirse mal con usted mismo o a sentir que no está viviendo la vida en absoluto. Estos pensamientos pueden ser abrumadores e impedir que la mente fluya, haciendo que sea difícil para usted confiar en cualquier cosa, lo que puede causar confusión y ansiedad. Por lo tanto, afectará a su capacidad de avanzar hacia lo que quiere.

Cuando su chakra raíz está bloqueado, tendrá dificultades para sentirse conectado emocionalmente con la tierra y con los demás. Le costará sentirse cerca de otros. Se sentirá alejado de lo que ocurre a su alrededor o como un extraño, como si nadie lo comprendiera. Esto puede hacer que tome decisiones precipitadas que pueden ser peligrosas. Si está experimentando estos problemas, es aconsejable que limpie el chakra raíz para estar en paz con usted mismo y establecer relaciones con los demás.

Efectos espirituales de un chakra raíz bloqueado

Si su chakra raíz está bloqueado, tendrá dificultades para conectar con cualquier aspecto espiritual, porque no siente que pertenece a la tierra. Es posible que no pueda experimentar en su interior la presencia que lo lleva al despertar o al progreso espiritual.

En general, puede que tenga dificultades con su fe en Dios o en cualquier otra fuerza, y le resultará difícil creer en cualquier cosa cuando el chakra raíz está bloqueado. Puede que crea en usted mismo, pero no habrá confianza en su interior, lo que le dificultará abrirse completamente y conseguir lo que quiere de la vida.

También es posible que experimente falta de motivación o deseos de hacer algo. Puede ser difícil llevar a cabo las tareas básicas, y puede sentir dentro de su alma la falta de un «fuego» que le permita impulsarse hacia lo que quiere. A veces este es un sentimiento temporal, pero si es causado por un bloqueo energético, probablemente permanecerá más tiempo y hará su vida más difícil.

¿Qué bloquea el chakra raíz?

Diferentes cosas pueden bloquear su chakra raíz, pero pueden dividirse en tres categorías principales: emocional, física y espiritual. El chakra raíz está conectado con todos los demás chakras, así que cuando tiene problemas con él, es probable que todos los demás chakras también se vean afectados.

Los bloqueos emocionales pueden producirse por cualquier cosa, desde el resentimiento hacia los demás hasta la sensación de no tener un sentido de pertenencia. Los bloqueos físicos pueden ser causados por hábitos de vida poco saludables, como fumar o beber más alcohol de lo debido; su cuerpo literalmente se bloquea cuando esto sucede, y sus centros de energía se apagan uno por uno. Los bloqueos espirituales pueden ser causados por todo tipo de cosas, como no ser consciente de su camino espiritual o no estar preparado para conectar con Dios o el universo. No necesita volverse religioso para solucionar esto. Simplemente tiene que reconocer que hay algo más grande que usted ahí fuera y confiar en el universo o en lo divino. No importa cómo llame a esta fuerza; reconocerla es un buen paso en la dirección correcta.

¿Qué se siente cuando su chakra raíz está despierto y equilibrado?

Cuando su chakra raíz está en equilibrio, puede encontrarse en el aquí y el ahora, enraizado y conectado con su cuerpo y con todo lo que lo rodea. Puede sentir el poder de la vida dentro de usted, lo que le permite ser más confiado, creativo, espontáneo y poderoso. Sus relaciones con los demás son cálidas y cariñosas, y es capaz de expresarse profundamente de una manera que ayuda a los demás a conocerlo mejor.

Encuentra emoción en la vida, lo que le facilita creer en lo que quiere hacer y encontrar la manera de hacerlo. Puede tomar decisiones más fuertes y seguras porque no tiene miedo de cómo le afectarán a usted o a los que le rodean, y esto es muy importante en su energía cuando la vida comienza a ser emocionante. También empezará a sentirse más seguro de su vida y experimentará prosperidad y abundancia en todo lo que haga.

Mantras y afirmaciones para desbloquear el chakra raíz

Siempre es útil utilizar mantras y afirmaciones cuando se trabaja en la limpieza del chakra raíz. Puede ayudarle a enfocar su intención, dándole una mejor oportunidad de desterrar el bloqueo energético que le impide avanzar.

Estas son las afirmaciones que puede utilizar:

- Estoy seguro de que todo está bien.
- Ya no soy una víctima.
- Confío en mí mismo para dar los pasos correctos hacia mis sueños.
- Honro lo que se me puede exigir para llegar a donde quiero estar. Honro a mi ser superior y honro a mi alma.
- Libero todo lo que me bloquea para vivir una vida de alegría y propósitos.

- Cada decisión que tomo se basa en mis pensamientos y deseos más elevados. Estoy libre de ataduras. Tengo confianza en mí mismo.

- Confío en mí mismo para hacer lo correcto. Confío en mi intuición para que me guíe.

- Encuentro la fuerza dentro de mí para avanzar cuando los demás me echan para atrás. Elijo dejar atrás los errores del pasado y perdonarme por ellos. Vuelvo a empezar.

- Ya no me siento atascado, pero tampoco me muevo demasiado rápido. Estoy en un camino firme hacia mis sueños, con sencillez y enfoque.

- Tengo una fuerte conciencia de quién soy, y tomo todas mis decisiones porque funcionan en armonía con esta identidad que he creado para mí. Mi mente está clara; mi vida está equilibrada.

En cuanto a los mantras, el mejor para trabajar con este chakra es LAM. Puede cantarlo en voz alta o en su mente. Para que quede claro, no se pronuncia «lam», sino L-Ah-M. Puede cantarlo en clave de Do para que sea más efectivo. También puede cantar «Oh».

Cristales y aceites

Debe trabajar con cornalina, obsidiana negra, hematita, rubí y granate. Puede llevarlas como joyas o meditar con las piedras en la mano. También puede meditar con el color rojo. En cuanto a los aceites, puede utilizar aceites esenciales de piña, jazmín, geranio, pachulí, alcanfor, sándalo y rosa.

Trabajo de respiración para el chakra raíz

Las mejores formas de *pranayama* para el *Muladhara* son:

- Respiración refrescante, también llamada *Sitali pranayama.*

- La respiración alternando las fosas nasales, también llamada *Nadi shodhana.*

Respiración refrescante

1. Siéntese cómodamente en la posición que prefiera. Deje que los hombros se relajen, mantenga el estómago blando y asegúrese de que la barbilla está paralela al suelo y la columna vertebral se siente larga y elegante. Cierre suavemente los ojos.

2. Inhale y exhale por la nariz. Hágalo tres veces mientras permite que su cuerpo y su mente se ubiquen en el momento presente.

3. Frunza los labios.

4. Ahora, si puede, pliegue su lengua y deje que sobresalga de su boca. Si no puede hacerlo, mantenga los labios fruncidos y abiertos, formando un pequeño círculo. Mantenga la lengua apoyada contra los dientes inferiores para formar un canal que permita que su aliento pase con facilidad. También puede apoyarla contra los dientes superiores.

5. Inhale lentamente a través de los labios fruncidos, tomándose su tiempo. Deje que el pecho y el vientre se llenen de aire por completo (por eso tiene que mantener los músculos del estómago suaves).

6. Una vez que el vientre y los pulmones estén llenos de aire, cierre la boca y exhale por la nariz, tomándose su tiempo en este proceso.

7. Haga entre cinco y diez repeticiones más para sacar el máximo provecho de este trabajo de respiración. Debería hacer 26 repeticiones por la mañana y por la noche en cada sesión, pero puede ir subiendo hasta llegar a ese número si aún no se siente cómodo para hacer esa cantidad.

Respiración alternando las fosas nasales

1. Siéntese cómodamente y cierre suavemente los ojos. Como va a estar sentado durante algún tiempo, es conveniente que tenga un lugar para apoyar cómodamente el codo.

2. Los dedos medio e índice de la mano derecha deben estar doblados hacia adentro, hacia la palma de la mano. Extienda los dedos meñique y anular, así como el pulgar.

3. Tome el pulgar y colóquelo contra el lado derecho de su nariz, como si quisiera sonarse.

4. Coloque su dedo anular en el lado izquierdo de su nariz.

5. Inhale y exhale de forma relajada para prepararse.

6. Presione el pulgar contra el lado derecho de la nariz, tapando toda la respiración en esa fosa nasal.

7. Inhale por la fosa nasal izquierda.

8. Con el dedo anular, presione contra el lado izquierdo de la nariz, cerrando el flujo de aire en la fosa nasal izquierda.

9. Suelte la presión en la fosa nasal derecha y exhale.

10. A continuación, inhale por la fosa nasal derecha.

11. Cierre de nuevo la fosa nasal derecha y abra la izquierda. Exhale y cierre la izquierda.

12. Continúe alternando las fosas nasales durante diez repeticiones. Si empieza a quedarse sin aliento, descanse y vuelva a hacerlo más tarde.

13. Cuando note que pierde la concentración, céntrese en contar mentalmente el tiempo que le lleva cada respiración o preste atención al recorrido del aire mientras entra y sale de usted.

Posturas de yoga para el chakra raíz

Las mejores posturas son:

- La *Malasana*

- La *Uttanasana*

La *Malasana* o postura de guirnalda

1. Póngase de pie con los pies separados a la altura de los hombros.

2. Doble las rodillas en cuclillas, con las nalgas cerca del suelo. Puede dejar que los dedos de los pies se giren hacia fuera, pero no demasiado, porque la posición ideal es con los pies paralelos entre sí.

3. La parte superior de los brazos va sobre la parte interior de las rodillas, con los codos doblados y las palmas de las manos juntas como si estuvieran rezando.

4.Lleve ambas manos entrelazadas a la zona del corazón y, si puede, toque con ambos pulgares el esternón. Esto debería ayudar a que su pecho se mantenga salido y alto.

5.Asegúrese de seguir presionando los muslos y la parte superior de los brazos entre sí para mantener todos los músculos trabajando.

6.Piense en su columna vertebral y visualícela tirando hacia el cielo a través de su coronilla, mientras visualiza sus nalgas tirando hacia la tierra para mantener la columna recta. Los hombros deben estar relajados, sin llegar a las orejas.

7.Permanezca en esta posición durante cinco repeticiones de inhalaciones y exhalaciones, y luego salga de la postura enderezando las piernas. Puede hacerlo tres veces más o pasar directamente a otra postura.

La *Uttanasana* o postura de la pinza

Postura *Uttanasana*
Roberto Busconi en Yoga Mon Amour, CC BY-SA 4.0
https://creativecommons.org/licenses/by-sa/4.0/ vía Wikimedia Commons:
https://commons.wikimedia.org/wiki/File:Uttanasana_finita_1300px.jpg

1. Póngase de pie con los pies juntos y alcance el cielo con ambas manos.

2. Deje que ambos brazos bajen en un movimiento de barrido a ambos lados de su cuerpo mientras se pliega hacia el suelo, doblando las caderas.

3. Deje que los dedos de las manos y de los pies estén alineados entre sí y, si es más flexible, puede colocar las palmas de las manos en el suelo e incluso hacer presión. Si no es capaz de llegar al suelo, utilice un par de bloques de yoga.

4. Las rodillas deben estar ligeramente flexionadas, no las bloquee.

5. Flexione los cuádriceps e imagine que los músculos se estiran hacia arriba. Esto debería poner a trabajar y abrir sus isquiotibiales.

6. Deje que su peso se asiente más hacia el frente, apoyando los metatarsos. Compruebe sus caderas y asegúrese de que están alineadas con los tobillos.

7. Su cabeza debe colgar suelta, sin tensión en los hombros ni en el cuello.

8. Para salir de esta postura, puede hacer otra diferente o subir empujando el coxis hacia abajo mientras endurece los abdominales y vuelve lentamente a la posición de pie.

Meditaciones para el chakra raíz

Puede hacer cualquiera de las siguientes meditaciones o una combinación de ellas durante al menos cinco minutos (mejor si puede llegar a 10 o 15 minutos) mientras está sentado en cualquier postura de meditación en la que se sienta cómodo o mientras hace yoga. Puede cantar el mantra LAM u «Oh» repetidamente en su mente.

1. Puede elegir una o varias afirmaciones para repetirse a sí mismo.

2. Puede visualizar el color rojo.

3. Puede sentarse a meditar e imaginar que respira una luz roja vibrante que va a su chakra raíz, que puede visualizar como un orbe rojo de luz, en cada inhalación. Su visualización puede mostrarle manchas de negro en el rojo. Representan

el bloqueo. Al exhalar, imagine que el chakra raíz es su nariz y que lo negro sale con cada exhalación. Continúe inhalando la luz roja hasta que pueda ver y sentir su chakra claro y activo, sin nada negro en él.

4. Para amplificar el poder de sus meditaciones, puede utilizar los cristales ya mencionados sosteniéndolos en sus manos o llevándolos como joyas.

5. Aplique una o dos gotas de aceites esenciales en un punto ciego cerca del cuello de la camisa. Si no le sirve así, puede colocarlo en el labio superior o en la mandíbula, justo debajo de ambas orejas.

6. Practique la nutrición meditativa con alimentos rojos y naturales. Mientras mastica y traga (o sorbe si está bebiendo un zumo o un batido), imagine y sienta que la comida baja como una luz roja hacia su chakra raíz. No se apresure con la comida. Considere el tomate, la cebolla roja, las ciruelas, los frutos rojos, el vino tinto, el rábano, el pimentón rojo y la remolacha. Las proteínas también son buenas.

Capítulo cuatro: La curación del chakra sacro

Correspondencias

Sánscrito: *Svadhisthana*
Significado: Dulzura
Color: Naranja
Sonido de la semilla: *Vam*
Ubicación del cuerpo: Sacro
Elemento: Agua
Finalidad psicológica: Deseo
Carga: Culpa

¿Qué hace el chakra sacro y por qué es importante?

El chakra sacro está situado en el sacro, que es un hueso de la parte inferior de la columna vertebral que sostiene la pelvis. El sacro no forma parte del cerebro ni de la columna vertebral, pero está conectado con ambos y forma un triángulo con los dos chakras principales.

Cuando estos chakras no funcionan correctamente, puede ser muy difícil vivir la vida como se desea, porque todos están conectados, lo que significa que cuando uno está bloqueado, afecta a todos los demás. Todos los chakras son importantes, pero el chakra sacro es conocido como el intermediario entre el cuerpo físico y el ser espiritual.

El chakra sacro es la sede de toda la creatividad y la imaginación, es el que permite crear cosas nuevas y únicas. Cuando el chakra sacro está bloqueado, hay falta de imaginación y creatividad en el interior, lo que dificulta seguir el ritmo de lo que se quiere hacer. Cuando esto sucede, puede empezar a quedarse atascado en un lugar o repetir cosas innecesariamente porque no hay suficiente energía o deseo de avanzar.

Efectos físicos de un chakra sacro bloqueado

¿Cómo afecta un chakra sacro bloqueado a su salud física? Puede hacer que se sienta lento e incómodo. Se especula que un chakra sacro bloqueado puede causar problemas de infertilidad en los hombres, aunque esto no se ha demostrado. Cuando el chakra sacro de las mujeres está bloqueado, suelen tener una sobreexcitación o tensión nerviosa. Esto podría afectar los ciclos menstruales, ya que el útero se encuentra allí y es parte del chakra sacro. Otras condiciones de salud que puede causar un chakra sacro bloqueado son problemas cardíacos, infecciones del tracto urinario, cistitis e infecciones de la vejiga.

Efectos emocionales de un chakra sacro bloqueado

Cuando su chakra sacro está bloqueado, se sentirá alejado de usted mismo. Es posible que tenga la sensación de no estar conectado con la tierra y de no ser productivo o estar relajado, por mucho que lo intente. Dependiendo de la gravedad del bloqueo, puede incluso dificultar sus relaciones con los demás, ya que puede sentirse distante de ellos. También puede sentir la necesidad de escapar de su vida, porque todo le parece abrumador, por lo que algunas personas recurren a las drogas o al alcohol como vía de escape.

Un chakra sacro bloqueado también puede causar muchos pensamientos negativos, sentimientos de nerviosismo o ansiedad, sensación de aislamiento, depresión o simplemente incomodidad con su propio ser.

Efectos espirituales de un chakra sacro bloqueado

Su chakra sacro le permite ser creativo e imaginativo. Cuando está bloqueado, afecta negativamente su conexión espiritual con los demás, porque no se siente usted mismo. Puede generar sentimientos de soledad, confusión o incluso depresión, lo que hará que se sienta aún más solo.

Puede sentir que ya nada importa en la vida y que no hay nada bueno, porque no hay creatividad ni imaginación en su interior. También volverse demasiado crítico con los demás y pensar que todos los que le rodean son peores que usted mismo, algo que tampoco deberíamos sentir.

¿Qué bloquea el chakra sacro?

Al igual que con cualquier otro chakra, cuando su chakra sacro está bloqueado, suele haber una causa física en su cuerpo. Algunas de las posibilidades son desequilibrios dietéticos, estrés, ansiedad y problemas médicos tradicionales como cálculos renales, infecciones de la vejiga, enfermedades prolongadas o el estrés provocado por lesiones u operaciones (que pueden debilitar el cuerpo y afectar al chakra sacro). También puede ser culpa de malos hábitos como fumar, beber alcohol, no hacer suficiente ejercicio o consumir alimentos poco saludables.

En lo que respecta al chakra sacro, los bloqueos también pueden producirse a veces en su mente debido a la forma en que se percibe a usted mismo y al mundo que lo rodea. Algunas de las cosas que pueden impedir que se sienta bien con usted mismo son la imagen corporal, el autoconvencimiento negativo («estoy gordo», «soy feo») y el autodesprecio («ya nadie quiere ser mi amigo»).

Además, permanecer estancado en la vida puede hacer que sienta que no va a ninguna parte, lo que puede provocar bloqueos en su interior, tal vez porque no le gusta la sensación de quedarse en un sitio durante mucho tiempo.

Algunas causas emocionales de los bloqueos en su chakra sacro son la ansiedad y el estrés, la depresión, la infelicidad con su situación actual y sus relaciones, las dificultades en el trabajo o la escuela, los problemas financieros, los celos o la envidia hacia los demás. También podría sentir que sus chakras están bloqueados debido a la desconexión con lo que la espiritualidad significa para usted o a una sensación de culpa que no puede dejar de lado.

¿Qué se siente cuando el chakra sacro está despierto y equilibrado?

Cuando su chakra sacro está equilibrado, sentirá que todo se une en su vida, haciéndolo sentir feliz y realizado. También podrá crear cosas nuevas y emocionantes porque está abierto a ellas y están a su alcance. Esto podría incluir la puesta en marcha de un negocio o el descubrimiento de alguna forma de ser creativo y productivo con lo que hace con su tiempo.

El equilibrio en este chakra significa que no hay emociones negativas ni juicios en su interior, lo que le facilita estar cerca de los demás, ya que hacen aflorar en su interior estos mismos sentimientos sin causarle estrés. Cuando el chakra sacro está equilibrado, será capaz de dar y recibir amor y cariño de los demás mientras se acepta plenamente a usted mismo.

Estará mucho más abierto a la espiritualidad y podrá conectar fuertemente con Dios o su poder superior. Sentirá que tiene un propósito en la vida, una verdadera confianza en usted mismo y un fuerte deseo de marcar la diferencia en el mundo, sin ser prepotente. Habrá una sensación más profunda de bienestar dentro de usted, que es lo que todos queremos en la vida. Queremos sentirnos bien con nosotros mismos y ser capaces de dar y recibir amor libremente sin que surjan emociones negativas en nuestro interior.

Mantras y afirmaciones para desbloquear el chakra sacro

Algunos mantras y afirmaciones pueden ayudarle a limpiar y desbloquear su chakra sacro. Pruebe con estos:

- Estoy abierto a todas las cosas. Permito que entren en mi vida con facilidad.
- Soy una persona cariñosa y esto me permite ser amado.
- Merezco amor y felicidad en mi vida.
- Estoy agradecido por lo que tengo ahora.
- Todo está bien en mi mundo.
- La practicidad es el ritmo de la vida; dejo que fluya a través de mí libre y fácilmente.
- Soy creativo y permito que mi mente me lleve a todas partes.
- Estoy abierto a nuevas ideas, pensamientos y posibilidades.
- Tengo un fuerte sentido del propósito en la vida.
- Todo funciona para mí.
- Estoy libre de todos los bloqueos dentro de mí y de mis chakras.
- El universo se despliega de forma emocionante para mí.
- Soy un canal abierto para el amor y el placer.
- El espíritu fluye a través de mí libremente, sin costo.
- Me abro a la alegría que tengo dentro y a mi alrededor, permitiendo que llene mi vida.
- Estoy abierto y receptivo a todas las nuevas experiencias amorosas de la vida.

Por favor, siéntase libre de hacerlo si está inspirado por alguna afirmación no mencionada aquí. Además, tenga en cuenta que no se trata de las palabras, sino del sentimiento que hay detrás de ellas.

En cuanto a un mantra, para limpiar su chakra sacro puede cantar utilizar el sonido semilla conectado a este centro energético:

VAM (pronunciado V-Ah-M, no «van»). También puede cantar «oo», como en «zoo». Para que su canto sea más efectivo, intente hacerlo en la tonalidad Re.

Cristales y aceites

Los mejores cristales y piedras que puede utilizar para que su chakra sacro esté en equilibrio y activo son el circón amarillo, la cornalina, el coral, el ámbar y el ojo de tigre. En cuanto a los aceites, encontrará que la bergamota, la violeta, el heliotropo, la almendra amarga, la citronela, la naranja y la vainilla funcionan bien.

Trabajo respiratorio para el chakra raíz

Las mejores formas de trabajo respiratorio para traer equilibrio y actividad saludable a este chakra son:

- La técnica de respiración del brillo del cráneo o *Kapalbhati pranayama.*
- La respiración victoriosa o *Ujjayi pranayama.*

Método del brillo del cráneo

1. Busque un lugar agradable y tranquilo para practicar sin interrupción entre cinco y quince minutos.

2. Asegúrese de llevar ropa holgada que le permita estar cómodo durante la sesión.

3. Siéntese en su esterilla de yoga o en una silla, de forma que esté cómodo durante la sesión.

4. Deje que el dorso de las manos se apoye cómodamente en las rodillas y que las palmas miren hacia el techo.

5. Mantenga la columna vertebral recta y los hombros relajados mientras cierra lentamente los ojos. Asegúrese de que su cabeza también está hacia atrás.

6. Concentre su atención en el vientre y respire profundamente por ambas fosas nasales. Debe inspirar lo más profundamente posible para que sus pulmones y su vientre se llenen de aire.

7. Al exhalar por las fosas nasales, asegúrese de mandar el ombligo hacia atrás, como si intentara acercarlo a la

columna vertebral. Si lo hace bien, hará un ruido sibilante.

8. Inhale y exhale veinte veces más para completar una sesión entera de esta respiración. Tenga en cuenta que la mayor parte de su esfuerzo será en las exhalaciones.

Para que quede claro, este método de respiración no es fácil al principio. Sin embargo, con unos días de práctica, se sincronizará con los ritmos naturales de su cuerpo y le resultará más fácil.

Respiración victoriosa

1. Busque un lugar tranquilo donde no le interrumpan entre cinco y quince minutos.

2. Siéntese en una posición cómoda y mantenga los hombros relajados. Asegúrese de que no hay tensión en el cuello y mantenga los hombros alejados de las orejas. Cierre suavemente los ojos.

3. Lleve su atención a la forma en la que está respirando en este momento. No intente cambiar nada.

4. Pase de respirar por la nariz a hacerlo por la boca; inhale y exhale.

5. Ahora, traslade su atención a la garganta. Preste especial atención a la parte posterior.

6. Con cada exhalación, tense un poco la parte posterior de su garganta para que escuche un poco de ruido de silbido al exhalar. Si le ayuda, puede fingir que es Darth Vader, o algo así.

7. Después de varias exhalaciones, debería empezar a sentirse cómodo respirando así, tras lo cual es el momento de tensar también la parte posterior de la garganta en las inhalaciones.

8. Cuando se sienta cómodo inhalando y exhalando de esta manera, es el momento de cerrar la boca y volver a respirar por la nariz, tensando la parte posterior de la garganta en cada inhalación y exhalación. Si lo hace bien, debería escuchar un sonido con cada respiración. Eso es *Ujjayi*.

9. Puede incorporar este trabajo de respiración (y otros) al yoga si quiere que su chakra sacro se sienta súper limpio al final de la sesión.

Posturas de yoga para el chakra sacro

Las mejores posturas son:

- La diosa danzante o *Utkata konasana*.
- La postura del ángulo atado o *Baddha konasana*.

La diosa danzante

1. Ubíquese de pie en su esterilla de yoga de forma que sus pies estén más separados que los hombros.
2. Ambos pies deben estar girados hacia fuera, no más de 45 grados.
3. Asegúrese de que la parte superior de su cabeza está alcanzando el cielo para que su columna vertebral esté recta y elegante.
4. Póngase en cuclillas lentamente y con cuidado. Debe asegurarse de que las rodillas estén siempre justo por encima de los tobillos. Recuerde que debe exhalar mientras hace esto, y que se está moviendo hacia abajo, no hacia atrás.
5. Mantenga los glúteos ligeramente metidos hacia delante, y asegúrese de que sus muslos tiran hacia atrás. Busque que el suelo y sus muslos estén paralelos entre sí.
6. Compruebe que su columna vertebral esté recta y relaje los hombros.
7. Doble los brazos por los codos, manteniendo ambas palmas hacia arriba y hacia fuera.
8. Permanezca en esta postura durante las siguientes cinco o diez respiraciones.
9. Para salir de esta postura, empuje hacia el suelo con ambos pies y, al exhalar, estire las piernas suave y lentamente mientras vuelve a la posición de pie.

Meditaciones para el chakra sacro

Las meditaciones son infinitas en variedad, porque puede mezclar y combinar todo lo que ha aprendido hasta ahora, desde la respiración hasta las posturas de yoga, la visualización de colores, etc. Recuerde que no debe durar menos de cinco minutos, y con el tiempo debe llegar a quince minutos. Puede hacer lo siguiente en la posición que prefiera y puede combinar las meditaciones según sea necesario, o simplemente elegir una cada vez. (Obviamente, no puede hacer una meditación para comer mientras hace yoga, así que, aunque aplaudo su ambición, debo advertirle que no lo haga) Puede:

1. Cantar el mantra VAM o el sonido «oo».
2. Elegir una o varias afirmaciones para repetirse a sí mismo durante la sesión.
3. Imaginar que todo su cuerpo está envuelto por un brillante resplandor naranja.
4. Mientras medita, visualizar que está inhalando luz naranja brillante, y que esa luz entra por su chakra sacro, no por la nariz. Visualice ese chakra como una bola brillante de energía naranja. Puede notar que tiene manchas negras; eso está bien. Son los bloqueos de los que se deshará. Inhale luz naranja brillante a través de su chakra sacro y, al exhalar, vea cómo las manchas negras se van a través de ese chakra. Al final, el chakra no debería ser más que pura y hermosa energía naranja, mientras sigue respirando. Puede elegir uno de los *pranayamas* detallados en este capítulo para potenciar esta práctica.
5. Realizar sus meditaciones y cantos con los cristales que hemos mencionado antes, sosteniéndolos en sus manos mientras se sienta y respira. También puede llevarlos como joyas todos los días.
6. Utilizar los aceites esenciales mencionados en este capítulo como parte de su rutina de cuidado de la piel o específicamente para la meditación y el trabajo de respiración. Recuerde comprobar que no es alérgico al aceite que utiliza probándolo en su muñeca. No necesita más de una o dos gotas cada vez. Ponerlo en la mandíbula, debajo de las dos orejas, le permitirá olerlo con facilidad mientras hace yoga o medita. También puede ponerlo en el labio superior o en el cuello de la camisa.
7. Hacer las posturas de yoga de este capítulo mientras hace su trabajo de respiración, emparejando ambas prácticas con el mantra VAM u «oo», o mientras realiza sus afirmaciones.

8. La alimentación meditativa también es una opción. Los alimentos deben ser naturales, por supuesto. Los mejores alimentos son el colinabo, los albaricoques, los melocotones, las zanahorias, las calabazas, los huevos y el caqui. Además, aumente la ingesta de calcio y vitamina A si no está tomando suplementos. Mientras mastica o bebe y traga, visualice el alimento como luz naranja y vida moviéndose directamente hacia su chakra sacro para fortificarlo.

Capítulo cinco: La curación del chakra del plexo solar

Correspondencias

Sánscrito: *Manipura*
Significado: Gema lujosa
Color: Amarillo
Sonido de la semilla: Ram
Ubicación en el cuerpo: Plexo solar
Elemento: Fuego
Finalidad psicológica: Voluntad
Carga: Vergüenza

¿Qué hace el chakra del plexo solar y por qué es importante?

El chakra del plexo solar o *Manipura* tiene que ver con el superego y el subconsciente. Es un puente entre el cuerpo y la mente y está situado justo debajo de las costillas, encima del chakra sacro.

Este chakra está asociado con el elemento fuego. Aunque pensamos en este elemento en términos del sol o de cualquier cosa relacionada con las llamas, debe recordar que no se trata solo de esas cosas. El fuego también está en los relámpagos y los incendios forestales; está en la ira, el amor, los celos y la pasión. Incluso está en nosotros cuando nos apasionamos por algo o alguien. Piense en el fuego como una energía intensa que puede utilizarse para bien o para mal.

Este chakra es fundamental para su ego, que es la parte de usted que recibe el mundo exterior y lo interpreta. Este chakra tiene mucho que ver con su capacidad de aprender, estudiar y aplicar lo que aprende. También es muy importante en lo que respecta a la realización de cualquier actividad física o ejercicio, ya que le permite tener el impulso y la resistencia para lograr lo que se propone. El plexo solar también puede ayudarle a ser consciente de los estados de ánimo, los pensamientos y los sentimientos de otras personas y de cómo podrían reaccionar en diferentes escenarios.

Este chakra es importante para sus emociones, ya que es el responsable de ayudarle a controlar la ira y los celos, así como el amor y la pasión. Cuanto más le interesa algo, más energía sale de ese chakra, así que, si quiere mucho a alguien o a algo, este chakra trabajará horas extras.

Efectos físicos de un chakra del plexo solar bloqueado

Si su chakra del plexo solar está bloqueado, puede sentir pereza, falta de energía y desmotivación. También puede experimentar problemas como estreñimiento o diarrea, reflujo, acidez, dolor de estómago, indigestión, un sistema inmunológico débil, o incluso desarrollar úlceras. En cuanto a su sistema respiratorio, si tiene problemas de respiración, podrían estar relacionados con este chakra. Puede sentir que algo está «apagado» en su cuerpo, ya que es el centro de su cuerpo físico. Otras dolencias físicas que podría sufrir son artritis, dolor de espalda, dolores de cabeza o migrañas, asma, taquicardia y ansiedad.

Efectos emocionales de un chakra del plexo solar bloqueado

Si piensa que el chakra del plexo solar bloqueado solo tiene efectos físicos en el cuerpo, está equivocado. También tiene efectos emocionales. Cuando está bloqueado, podemos ser incapaces de expresar amor o enfadarnos a menudo. También puede haber una falta de confianza o una incapacidad para mostrar afecto porque el chakra carece de energía. Desde el punto de vista emocional, este chakra puede hacer que se sienta deprimido, nervioso o inseguro de usted mismo y de su vida en general.

Por otro lado, si su chakra del plexo solar está bloqueado, puede sentir que sus emociones se intensifican, y podría hacerlo sentir extremadamente celoso o enfadado. Este tipo de emociones pueden traducirse en malas relaciones e incluso en un comportamiento arriesgado. Puede tener dificultades para controlar su comportamiento y, de hecho, puede llegar a ser violento con usted mismo o con los demás en el calor del momento.

También puede sentirse a la defensiva o francamente malvado cuando no controla sus emociones. Esto le llevará a tener problemas en las relaciones e interacciones personales en casa y en el trabajo. Puede sentirse solo en el mundo.

Efectos espirituales de un chakra del plexo solar bloqueado

Si su chakra del plexo solar está bloqueado, podría tener problemas de autoestima y confianza. También puede tener actitudes de engaño o deshonestidad. En cuanto a las creencias espirituales, es más probable que se cuestione lo que realmente existe... y si realmente hay una fuerza invisible ahí fuera que nos cuida. Si no se arregla, esto conducirá a un sentimiento general de soledad y confusión en su vida.

Es posible que no pueda ver el mundo (o a ciertas personas) con claridad y tomar buenas decisiones. Puede tener la sensación de que siempre le quitan algo o de que le falta algo. Desde el punto de vista económico, podría sentir que es difícil salir adelante y tener suficiente dinero para las necesidades básicas.

¿Qué bloquea el chakra del plexo solar?

Hay varias causas físicas para un chakra del plexo solar bloqueado. Algunas de las más comunes son los problemas digestivos y los problemas respiratorios. También es posible que tenga una deficiencia de vitaminas, sobre todo si ha sufrido dolores de cabeza.

Las causas emocionales de un chakra del plexo solar bloqueado son muy similares a las físicas. Podría tener trastornos alimenticios o una dependencia insana de otras personas. También es posible que experimente ansiedad o depresión, lo que puede conducir a comportamientos autodestructivos. Podría haber algunos problemas en las relaciones que le causen estrés, ya sea en casa o en el trabajo. Estar en una situación en la que siente que no puede controlar ningún aspecto de su vida bloqueará este chakra.

Es posible que también quiera examinar sus creencias espirituales cuando se trata de un chakra del plexo solar bloqueado. Puede que haya perdido el rumbo y ya no esté seguro de cuál es su creencia espiritual. Esto puede hacer que se sienta aislado, confundido y solo, lo que lleva al bloqueo del chakra.

Para liberar este bloqueo, debe observar los síntomas físicos (que generalmente cuentan la historia en términos de qué tipo de energía está faltando), sus problemas emocionales y la confusión espiritual, y luego encontrar la manera de resolverlos.

¿Qué se siente cuando el chakra del plexo solar está despierto y equilibrado?

Tener un chakra del plexo solar equilibrado hace que se sienta bien y que todo funciona perfectamente a la hora de hacer cualquier cosa. Su productividad probablemente esté en su punto más alto, lo que es estupendo para cualquiera que tenga objetivos en la vida. Se sentirá feliz, seguro y confiado cuando este chakra esté equilibrado.

También tendrá una visión clara de lo que le espera y será capaz de cumplir sus objetivos. Si hay algún problema, lo afrontará en lugar de dejar que se agrave y crezca hasta convertirse en algo más grave de lo necesario. Un chakra del plexo solar equilibrado ayuda a evitar que eso ocurra.

Si su chakra del plexo solar está equilibrado significa que puede sentir la misma cantidad de energía procedente del centro de su cuerpo, pero sin reaccionar de forma exagerada ni ponerse demasiado nervioso. Siente que todo está bien con respecto a sus emociones y la forma en la que afectan a los demás.

Cuando el chakra del plexo solar está equilibrado, siente que su vida tiene un propósito y que la controla. Se siente seguro de usted mismo y capaz de lograr cualquier cosa que se proponga. Puede ver las cosas con claridad y tomar buenas decisiones con la mente despejada. Su situación financiera es estupenda, o al menos está mejorando si no está donde le gustaría. Tratar con la gente es muy fácil, ya que sabe cómo acercarse a ellos para conseguir lo que quiere de ellos o de la situación.

Cuando este chakra está equilibrado, es más fácil prevenir las enfermedades o lidiar con ellas porque aparecen sin estrés. Sus creencias espirituales están controladas y sabe que tiene un propósito y que puede controlar su destino.

Mantras y afirmaciones para desbloquear el chakra del plexo solar

Puede utilizar cualquiera de las siguientes afirmaciones:

- Soy poderoso.
- Mantendré mi poder, incluso siendo sensible y humilde.
- No tengo motivos para tener miedo; puedo manejar lo que surja en mi vida.
- Estoy curado y completo.
- El poder de dominar mi energía está ahora dentro de mí.
- Estoy aprendiendo a ser autosuficiente y a amar todo el tiempo.
- Tengo el control de las situaciones de mi vida, de mis relaciones y de mí mismo.
- Estoy en un entorno seguro y protegido.
- Estoy preparado para lo que me espere.
- Estoy a salvo, seguro y confiado en mí mismo.

- Ahora puedo relajarme, sabiendo que estoy preparado para lo que la vida me ofrezca.
- Mi salud mejora cada día.
- Mis relaciones son constructivas, beneficiosas y honestas.
- Mi espiritualidad está enraizada, y sé que el universo se ocupa de todo.
- Tengo equilibrio en todas las áreas de mi vida, incluyendo mi trabajo y mis finanzas.
- Mi productividad es alta, lo que me ayuda a alcanzar mis objetivos con facilidad.
- Estoy en paz con mi vida, con mi entorno y conmigo mismo.
- Todo está en su sitio y sé que todo irá bien.
- Puedo manejar cualquier cosa que se me presente.

En cuanto al mantra, puede cantarlo en su mente o en voz alta durante sus otros ejercicios de apertura del plexo solar. Puede utilizar el sonido semilla RAM, que se pronuncia R-Ah-M, no «ram». También puede cantar «ah», y sea cual sea su elección, hacerlo en la tonalidad de Mi lo hará más efectivo.

Cristales y aceites

Puede utilizar ámbar, citrino, topacio dorado, zafiro amarillo y jaspe amarillo. El citrino es una piedra impresionante porque ayuda a neutralizar la energía negativa, mientras que el ámbar es estupendo para levantar el ánimo. El topacio fomenta el optimismo al tiempo que le ayuda a trabajar lo que hace cantar a su corazón. En cuanto a los aceites, utilice esenciales de naranja, limón, lavanda y rosa.

Trabajo de respiración para el chakra del plexo solar

El mejor trabajo de respiración para su chakra del plexo solar es la respiración del abejorro o *pranayama Bhramari*. Le va a encantar, porque traerá calma instantánea a su mente. Sin embargo, no lo use solo cuando se sienta frustrado o enfadado. Conviértalo en una práctica habitual. Aquí le explicamos cómo hacerlo:

La respiración del abejorro

1. Asegúrese de llevar ropa suelta y cómoda.

2. Busque un lugar tranquilo en el que no se distraiga ni lo molesten entre cinco y quince minutos.

3. Cierre suavemente los ojos.

4. Presione el cartílago de sus orejas con los dedos índices. Para ser precisos, presione la parte que cubre el agujero de sus orejas.

5. Inhale profundamente y, al exhalar, presione el cartílago mientras zumba como una abeja.

6. Inhale y exhale de esta manera seis o siete veces, tome aire y vuelva a hacerlo. Puede parar cuando haya terminado si lo ha hecho durante cinco minutos y siente que no necesita seguir.

Posturas de yoga para el chakra del plexo solar

En cuanto a las posturas de yoga, funcionan las siguientes:

- La elevación alterna de piernas.

- La postura de la cobra o *Bhujangasana.*

Elevación alterna de piernas

1. Use ropa cómoda y acuéstese sobre una esterilla de yoga boca arriba con los pies juntos.

2. Observe cómo se siente en el suelo. Conecte con la tierra y sienta que se enraíza en el momento presente mientras inspira por la nariz y exhala por la boca.

3. Cuando se sienta conectado con la tierra, ponga las manos en el vientre.

4. Al inhalar, permita que sus dedos se separen unos de otros y, al exhalar, deje que se vuelvan a juntar.

5. Levante las piernas hacia el techo, y luego doble las rodillas a noventa grados para ver las puntas de los pies por encima de ellas.

6. Deje que su pierna derecha baje lentamente, de modo que se sitúe justo encima del suelo y permanezca en esa posición durante unas cuantas respiraciones, y después vuelva a llevar la pierna a su posición inicial.

7. Haga lo mismo con el otro lado. Es útil no perder de vista los dedos de los pies y mantener las manos con las palmas hacia abajo en el suelo y a su lado. Además, flexione los pies mientras los cambia y mantenga el coxis presionado contra la tierra para conseguir estabilidad.

8. Cuando haya hecho diez repeticiones, puede dejar que sus piernas vuelvan al suelo y estirarse.

Postura de la cobra

Postura de la cobra
https://www.pexels.com/photo/woman-doing-yoga-pose-4473610/

1. Acuéstese boca abajo en su esterilla de yoga. Asegúrese de que las palmas de las manos están debajo de los hombros y los codos están doblados. Sus brazos y codos deben hacer presión contra los costados del cuerpo.

2. Mire al suelo y mantenga la columna vertebral y el cuello en una posición neutral.

3. Enraíce sus caderas en el suelo para tener una base sólida sobre la cual levantarse.

4. Inhale profundamente mientras empuja las palmas de las manos contra el suelo y levanta el pecho del mismo. Asegúrese de que sus codos nunca se separen de sus costados, porque puede hacerse daño.

5. Mientras el pecho se eleva, asegúrese de que la columna vertebral permanece neutral. Mantenga esa postura durante unas cuantas respiraciones y, al exhalar, vuelva a bajar el pecho hasta el suelo, manteniendo los codos a los lados.

Meditaciones para el chakra del plexo solar

Independientemente de lo que decida hacer, asegúrese de dedicarle entre cinco y quince minutos, y no menos de eso. Como siempre, combine las técnicas como le parezca.

1. Cante RAM o Ah en meditación, ya sea en su mente o en voz alta.

2. Elija las afirmaciones que quiera y medite sobre su significado, o solo repítalas como un mantra durante la meditación.

3. Mientras medita, imagine que hay un resplandor amarillo brillante en todo su cuerpo, procedente del chakra del plexo solar. Visualice que respira luz amarilla brillante a través del plexo solar en lugar de la nariz. Imagine el centro de energía como una bola amarilla brillante, y si nota alguna mancha negra o gris, imagine que se reduce con cada exhalación a medida que expulsa la energía negativa. Continúe hasta que tenga un chakra amarillo y claro. Puede respirar regularmente con la técnica de respiración indicada anteriormente en el capítulo.

4. Intente cantar durante la meditación.

5. Utilice los cristales y los aceites para potenciar su meditación, o simplemente llévelos cada día para que le ayuden con este chakra mientras realiza sus actividades diarias.

6. Realice las posturas de yoga mientras se concentra en su mantra o afirmación.

7. La comida meditativa también es una opción aquí. Imagine que la comida es una luz amarilla que baja directamente a su chakra del plexo solar para limpiarlo y energizarlo. Estos son algunos buenos alimentos para este chakra: pawpaw (papaya), limones, ñames, piñas, maíz y mantequilla natural.

Capítulo seis: La curación del chakra del corazón

Correspondencias

Sánscrito: *Anahata*

Significado: Sin daño

Color: Verde

Sonido de la semilla: Yam

Ubicación en el cuerpo: Corazón

Elemento: Aire

Propósito psicológico: Amor

Carga: Aflicción

¿Qué hace el chakra del corazón y por qué es importante?

El cuarto chakra, también conocido como el chakra del corazón, está en el centro del pecho. Puede encontrarlo colocando sus manos en el pecho, cerca del centro. Este chakra es importante porque controla su bienestar emocional, su actitud y su forma de relacionarse con los demás, especialmente en lo que se refiere a las relaciones personales.

El chakra del corazón controla cómo se siente emocional y físicamente. Juega un papel muy importante en el efecto que tiene en los demás, si usa las energías para el bien verdadero o en función de las apariencias. Si este chakra está bloqueado, puede enviar malas vibraciones que obstaculizan su vida y la de quienes lo rodean.

Algunas de las formas en las que el chakra del corazón está involucrado en nuestras vidas incluyen la comunicación de las emociones, una actitud positiva y amorosa hacia todos y la expresión de amor, afecto y confianza. Nuestro *Anahata* también está vinculado a cómo nos sentimos físicamente y cómo gestionamos nuestro ser físico. Si no tiene buena salud, es porque se está concentrando en las emociones en lugar de cuidarse físicamente.

Efectos físicos de un chakra del corazón bloqueado

Cuando su chakra del corazón está bloqueado, hace que se sienta aislado y solo, lo que puede hacer que se deprima. Puede sentir que no le importa a nadie o que la gente lo deja de lado a propósito. Puede hacer que su salud física se vea afectada, incluyendo su sistema inmunológico, la circulación sanguínea y la respiración. Puede empezar a tener problemas de sueño.

Si este chakra está bloqueado durante mucho tiempo, puede bloquear al resto de sus chakras. Es importante que tome las medidas adecuadas para arreglar cualquier desequilibrio en su interior utilizando los cristales y aceites esenciales adecuados, y cambios en su estilo de vida para ayudar a desbloquear su chakra del corazón. También puede sentir como si el corazón se le saliera del pecho con demasiada intensidad. Su visión puede volverse oscura o estrecha, como si estuviera mirando a través de un túnel oscuro con una luz al final. También puede sentirse como si el amor y la bondad que lo rodean lo asfixiaran: demasiada bondad hace que le cueste respirar y se siente asfixiado por las oportunidades.

Todos estos son signos físicos de que su chakra del corazón está experimentando algún bloqueo interno debido a una mala percepción de la vida en general o a cómo lo han tratado a lo largo del tiempo. Le cuesta confiar o querer, y tampoco está abierto al amor. Alguien con el chakra del corazón bloqueado puede sufrir problemas físicos en la glándula del timo. Esta glándula es la responsable de fabricar las células T, que combaten los microbios, los gérmenes y las infecciones en el cuerpo. Tener el chakra del corazón bloqueado podría conducir a una absorción ineficiente de los nutrientes de los alimentos que usted consume, lo que resulta en la desnutrición.

Efectos emocionales de un chakra del corazón bloqueado

Podría sentirse completamente incapaz ante la vida en general, lo que provoca depresiones severas o problemas de salud mental más graves. También tendrá problemas para confiar en personas que conozca y a las que se acerque y sacará conclusiones negativas sin darles una oportunidad.

Cuando su chakra del corazón está bloqueado, hace que se sienta alienado, solo y desconectado de las personas que lo rodean. Sentirá que no tiene sentido ni propósito en la vida y perderá el interés por probar cosas nuevas. También puede empezar a atraer personas que no se preocupan por usted o que no son buenas, haciendo su vida miserable.

Cuando su chakra del corazón está bloqueado o cargado negativamente, es difícil que los demás entiendan cómo se siente respecto a las cosas que suceden alrededor. Es como tratar de comunicarse con una pared de ladrillos infranqueable. Le costará abrirse, por lo que será muy difícil que la gente que lo rodea confíe en usted o quiera estar cerca.

Podría sentir que nadie lo quiere ni se preocupa por usted, lo que puede provocar sentimientos de profunda depresión. También podría sentirse vulnerable e incapaz de hablar sobre lo que está mal o bien durante ese momento particular de su vida.

Efectos espirituales de un chakra del corazón bloqueado

Cuando el chakra del corazón está bloqueado, puede hacerle sentir que el universo no lo quiere o no se preocupa por usted. Siente que lo odia y que va por usted, lo que puede ser bastante difícil de soportar. Algunas personas experimentan esto cuando están pasando por un momento difícil en sus vidas, como la pérdida de un gran amigo o la noticia de que no pueden tener un hijo.

Puede sentirse castigado por algo de su pasado o por la forma en que alguien lo ha tratado. También podría verse abrumado por sentimientos de culpa tras enterarse de que alguien ha fallecido.

Si este chakra está bloqueado, puede hacer que no vea lo bueno de la vida o de los demás. Es posible que empiece a perder la fe en los que le rodean, lo que hará que le resulte muy difícil confiar en las personas con las que se cruza. Es posible que no encuentre el valor o la fuerza de voluntad para alegrarse por los logros de los demás. También es posible que sienta que la vida lo ha abandonado y que la Divinidad no ha hecho nada por usted, lo que provoca sentimientos de tristeza y soledad.

¿Qué bloquea el chakra del corazón?

Varias cosas pueden hacer que el chakra del corazón se obstruya o se desequilibre, especialmente si está experimentando estrés y ansiedad en su vida. Cosas como las malas relaciones, el divorcio o el alejamiento de las personas más significativas para usted, una enfermedad grave, un duelo (especialmente uno relacionado con un padre o un pariente), un desamor o pérdidas importantes en su vida, como la de un trabajo o de una relación importante.

Es posible que alguien le haya tratado injustamente en la vida, lo que puede provocar ira y resentimiento durante años. También puede estar sufriendo algún tipo de abuso por parte de otra persona, incluyendo el abuso emocional de un ser querido o el abuso físico cuando las cosas van demasiado lejos. Otras causas comunes de un chakra del corazón bloqueado son el estrés, los problemas en las relaciones, el miedo a lo desconocido o la incertidumbre sobre las cosas que vendrán, la falta de confianza en los demás, en usted mismo y en la vida misma, la culpa abrumadora por los errores, la sensación de que le han hecho daño, tener una visión de la vida muy materialista o tener pensamientos constantes de «yo contra ellos» cuando trata con otros a su alrededor.

También hay varios eventos que pueden sucederle durante la vida y que pueden causar bloqueos físicos. Algunos de ellos, como se ha mencionado anteriormente, son fumar cigarrillos, beber alcohol, el abuso o la abstinencia de drogas, comer en exceso y la obesidad, el estreñimiento crónico o la diarrea, la falta de ejercicio y no dormir lo suficiente.

¿Qué se siente cuando el chakra del corazón está despierto y equilibrado?

Cuando el chakra del corazón está abierto, las personas son compasivas y muy generosas con los demás. Pueden decir lo que piensan cuando lo necesitan o quieren, pero sin resentimiento hacia nadie. Si experimenta un chakra del corazón equilibrado y despierto, es muy solidario con otros, incluidos los miembros de su familia, sus amigos y su pareja. Le encanta reír, sentirse bien consigo mismo y expresarse sin inhibiciones.

Un chakra del corazón equilibrado le ayuda a sentir que nada puede deprimirlo o impedir que sea feliz con lo que ocurre en su vida.

Si su chakra del corazón está equilibrado, sentirá que alguien siempre está velando por usted adonde vaya. Alguien lo quiere y se preocupa por usted, incluso en tiempos difíciles cuando las cosas no estén funcionando bien. Sentirá que los amigos que están en su vida se preocupan de verdad por su bienestar y harán cualquier cosa para ayudarlo.

Cuando este chakra está equilibrado, tendrá confianza en usted mismo, en su vida y en los demás. No tendrá problemas de tristeza o baja autoestima al mirar a otras personas que están mejor que usted. También podrá entender lo que es el amor visto desde diferentes perspectivas.

Mantras y afirmaciones para desbloquear el chakra del corazón

Para desbloquear el chakra del corazón, puede hacer varias cosas que le ayudarán a limpiarlo más rápido. Algunas de estas pueden incluir el uso de mantras y afirmaciones para abrir el chakra y conseguir que todo vuelva a estar donde tiene que estar. Intente con los siguientes mantras o afirmaciones:

- Me quiero y me acepto tal y como soy.
- Soy perfecto tal y como soy.
- Mi corazón se siente seguro y protegido.
- Me libero del dolor causado en el pasado, ya sea reciente o de hace mucho tiempo. El dolor se libera ahora, me permite seguir adelante con mi vida sin ninguna carga.
- Soy amado y devuelvo el amor a los demás libremente.
- Sé que soy digno de ser amado y que el universo me tiene en el corazón.
- Encuentro relaciones saludables que me llenan.
- Me siento fuerte y seguro en todas las relaciones en las que estoy ahora.
- Me siento cómodo comunicando mis sentimientos sobre las cosas a las personas importantes en mi vida.

En cuanto al mantra, puede cantar Yam (Y-Ah-M) o cantar Ay. Cante en la clave de Fa, y tendrá un resultado mucho más poderoso.

Cristales y aceites

Los mejores cristales para desbloquear el chakra del corazón son el jade, la turmalina y la esmeralda. En cuanto a los aceites, opte por los de jengibre, benjuí, almizcle, junquillo, narciso, nardo, salvia, menta y lima.

Trabajo de respiración para el chakra del corazón

Para el chakra del corazón, tendrá que hacer el *pranayama Dirga,* que es la respiración en tres partes. He aquí cómo hacerlo:

1. Acuéstese en una esterilla de yoga y cierre los ojos. Las piernas deben estar estiradas, pero si no le resulta cómodo, puede doblar las rodillas para que los pies queden apoyados en la esterilla. Si opta por esta última posición, deje que sus rodillas se relajen una contra otra.

2. Lleve su atención al cuerpo y la cara y relaje todos los músculos.

3. Ahora, traslade su atención a la respiración. No trate de cambiarla; simplemente sea consciente de ella.

4. Mientras presta atención a su respiración, su mente puede divagar hacia diversas preocupaciones u otros pensamientos al azar. Esto está bien. Cuando lo note, simplemente vuelva a prestar atención a la respiración tantas veces como sea necesario. No se frustre por distraerse, ya que esto lo alejará del ejercicio.

5. Ahora, respire profundamente por la nariz y exhale hasta que se haya vaciado por completo de todo el aire.

6. Con cada inhalación, debe asegurarse de que sus pulmones y su vientre se elevan, expandiéndose con el aire.

7. En las exhalaciones, asegúrese de que está completamente vacío, lo que significa que su estómago debe aplanarse. Al exhalar, meta el ombligo como si quisiera juntarlo con la columna vertebral. De esta manera, se asegura de que su estómago y sus pulmones están vacíos.

8. Repita este proceso de respiración profunda durante cinco respiraciones en total, y así termina la primera parte. Ahora pasemos a la segunda parte.

9. En la siguiente inhalación, deje que su vientre esté lo más lleno posible. Cuando llegue al punto máximo, inhale un poco más para que su pecho se ensanche aún más.

10. Al exhalar, suelte primero el aire que ha contenido en el pecho. Si lo hace correctamente, sentirá que sus costillas, antes separadas, ahora se juntan. A continuación, libere el aire del estómago tirando del ombligo hacia la columna vertebral como antes.

11. Repita este nuevo nivel de respiración profunda hasta hacer un total de cinco ciclos, y así termina la segunda parte. Ahora es el momento de la tercera parte.

12. Al inhalar la siguiente vez, deje que el estómago y el pecho se llenen de aire. Cuando estén llenos, tome suavemente un poco más de aire para llenar la región superior del pecho, llegando hasta el área alrededor de la clavícula. Esto hará que el centro de su corazón se eleve, lo que activa su chakra del corazón.

13. Al exhalar, suelte primero el aire de la zona superior del pecho o del centro del corazón para que se desplace hacia abajo. A continuación, suelte el aire de la zona media del pecho para que las costillas cierren el espacio entre ellas a ambos lados. Finalmente, suelte el aire del vientre tirando del ombligo hacia la columna vertebral. Hágalo a un ritmo cómodo para usted, de modo que no tenga problemas en las tres partes de este ciclo.

14. Repita el proceso durante un total de diez respiraciones.

Por favor, tenga cuidado al hacer esto. Lo último que quiere es respirar tan profundamente que sienta que está a punto de arrancarse un pulmón o algo así. Debe respirar con suavidad y sin esfuerzo. Si quiere, puede practicar mientras está recostado o sentado en posición vertical.

Posturas de yoga para el chakra del corazón

Las mejores posturas de yoga para el chakra del corazón son:

- La postura del gato/vaca o *Chakravakasana.*
- La postura del camello o *Ustrasana.*
- La postura del puente o *Setu bandha sarvangasana.*

La postura del gato/vaca

1. Ubíquese en cuatro apoyos sobre su esterilla de yoga, con las manos y las rodillas separadas uniformemente entre sí y su peso bien distribuido. Piense que es una mesa. Sus muñecas y hombros deben estar alineados, al igual que sus rodillas y caderas.

2. Asegúrese de alargar el cuello y la columna vertebral, su mirada hacia el frente. Ahora pasemos a la postura de la vaca.

3. Los pasos tres a seis deben realizarse al inhalar. En primer lugar, lleve su atención a los dedos de los pies. Deje que sus puntas se apoyen en el suelo, curvadas hacia abajo.

4. El siguiente paso es la pelvis, que debe estar inclinada hacia atrás. Su trasero debe moverse hacia el techo. Haga este movimiento como si se tratara de una ondulación a través de su cuerpo, desde los dedos de los pies hasta el cuello, de manera que el cuello se mueva en último lugar.

5. Asegúrese de que está llevando el ombligo hacia la columna vertebral, incluso cuando el vientre es empujado hacia el suelo.

6. Tan suavemente como pueda, gire para mirar al cielo, no debe existir tensión en el cuello ni quedar en un ángulo incómodo. Ahora es el momento de la postura del gato.

7. Los siguientes pasos deben realizarse en la exhalación. Vuelva a centrar su atención en los pies y deje que sus puntas se apoyen en el suelo, estirando los tobillos.

8. Ahora, meta el trasero mientras empuja la pelvis suavemente hacia delante. Permita que este movimiento recorra su cuerpo como en la postura anterior para que su columna vertebral se redondee hacia el cielo.

9. Compruebe que su ombligo está metido hacia la columna vertebral y que su cabeza está inclinada hacia el suelo. Piense en ello como si intentara ver su ombligo.

10. Ahora es el momento de repetir toda la secuencia durante las siguientes cinco respiraciones, o diez si se siente como un campeón y puede soportarlo. Recuerde, inhale la vaca, exhale el gato.

11. Cuando termine la secuencia completa, vuelva a la posición inicial con la columna vertebral neutra.

La postura del camello

1. Para esta postura se arrodillará en la esterilla con las caderas por encima de las rodillas. Si su esterilla no es lo suficientemente gruesa, es posible que tenga que doblarla o utilizar algo para hacerla más suave y que sus rodillas se sientan cómodas. Deje que las puntas de sus pies se apoyen en el suelo.

2. Ahora es el momento de deslizar las dos manos hacia arriba, con las palmas sobre la piel, llevándolas a los lados del pecho. Piense que es como sostener la parte superior del torso con los pulgares en la espalda y los otros dedos en la parte delantera y los costados del pecho. Sus codos deben sobresalir mientras se sostiene en el pecho.

3. Desde esta posición, abra el pecho hacia el cielo empujándolo hacia fuera y hacia arriba.

4. Ahora, con el pecho abierto, mueva las manos hacia atrás para sujetar los talones. Debe mover una mano a la vez para no hacerse daño. Si ve que el estiramiento es demasiado profundo para usted, simplemente entrelace los dedos de los pies por debajo de usted como hizo en la postura de la vaca para tener algo más de altura.

5. Tire de sus caderas hacia el frente, pero asegúrese de permanecer sobre ambas rodillas. Si se siente cómodo en esta posición, puede pasar al siguiente paso.

6. Deje que la cabeza cuelgue hacia atrás, de modo que quede expuesta la garganta. Si siente que esto no es cómodo, puede permitir que su barbilla permanezca como estaba.

7. Para salir de esta posición, primero lleve la barbilla hacia el pecho y luego mueva ambas manos hacia las caderas mientras tensa los músculos abdominales. Debe utilizar las manos para ofrecer a la parte inferior de la espalda el apoyo necesario para volver a la posición inicial de rodillas.

Asegúrese de que, a medida que su pecho retrocede, sus muslos no se cierren. Se supone que deben permanecer estirados, por lo que es una buena idea hacer esto con los muslos apoyados en una pared. Al hacer esta postura con la ayuda de una pared, se busca que tanto las caderas como los muslos se mantengan en contacto durante todo el movimiento.

La postura del puente

1. Acuéstese en su esterilla, con los pies apoyados en el suelo y las rodillas dobladas.

2. Extienda los dedos (los brazos deben estar en el suelo) hacia ambos talones. No es necesario que los toque, pero debería poder conectarlos con sus dedos.

3. Asegúrese de que sus pies permanezcan paralelos mientras se mueve en esta postura, sea como sea.

4. Empuje hacia abajo sus pies mientras levanta las caderas hacia el cielo.

5. Coloque un bloque de yoga justo debajo del sacro, en la espalda; luego, puede dejar los brazos en el suelo, todavía estirados. Si no se siente cómodo, ajústelo según sea necesario.

6. Permanezca en esta postura durante los siguientes minutos, mientras se sienta cómodo. Si nota que le empieza a doler la espalda, salga de la postura.

7. Para salir de esta postura, empuje la tierra con ambos pies mientras levanta las caderas hacia el cielo una vez más. Deslice el bloque por debajo de usted y vuelva a tocar el suelo con suavidad.

Meditaciones sobre el chakra del corazón

Tómese entre cinco y quince minutos para hacer cualquiera de las siguientes meditaciones o una combinación de ellas:

1. Cante YAM o «ay» en clave de Fa.

2. Elija una o varias de las afirmaciones dadas y piense en ellas o dígalas en voz alta.

3. Visualice una luz verde brillante que emana de su centro cardíaco, envolviéndolo en su resplandor.

4. Inhale la luz verde brillante, imaginando que es su chakra del corazón el que inhala y exhala, no su nariz.

5. Imagine su chakra como una bola verde brillante mientras se sienta a meditar, respirando la luz verde. Si nota algunos puntos de energía oscura en el chakra, visualícelos saliendo con cada exhalación, mientras cada inhalación energiza y equilibra su chakra con luz verde. Cuando note que el chakra está despejado, puede detenerse.

6. Practique los distintos ejercicios de respiración explicados en este capítulo.

7. Realice las posturas de yoga explicadas en este capítulo, pasando por ellas hasta que llegue al tiempo de entre cinco y quince minutos, lo que mejor le funcione.

8. Utilice los cristales para ayudarse en la meditación, simplemente sosteniéndolos en sus manos. También puede mirarlos fijamente y, cada vez que su mente divague, vuelva a concentrar su atención en ellos.

9. Aplique cualquier aceite para el chakra del corazón que le ayude a estar presente durante el yoga, meditación o trabajo de respiración.

10. Coma con atención los alimentos que ayudarán a su chakra, imaginando que cada uno de ellos es una luz verde que va directamente a su centro de energía del corazón. Algunos de los mejores alimentos para la meditación mediante la alimentación son la col verde, el pepino, las manzanas verdes, los espárragos, las limas, el cebollín, el apio, los puerros, los pimientos verdes, la menta y las ensaladas verdes.

Capítulo siete: La curación del chakra de la garganta

Correspondencias

Sánscrito: *Vishuddha*
Significado: Puro
Color: Azul
Sonido de la semilla: Ham
Ubicación del cuerpo: Garganta
Elemento: Éter y sonido
Finalidad psicológica: Comunicación
Carga: Mentiras

¿Qué hace el chakra de la garganta y por qué es importante?

El quinto chakra del cuerpo es el chakra de la garganta, que afecta al sentido de la comunicación. También hace que usted se pueda sentir cómodo hablando por sí mismo. Puede ayudarle a expresar su verdad, que es una de las razones por las que también se conoce como el chakra de la verdad o de la vanguardia. El chakra de la garganta puede enseñarnos sobre la honestidad y la integridad, que son cualidades extremadamente importantes en la vida.

Muchas personas no utilizan estas cualidades porque son menospreciadas por otros que no llevan un estilo de vida honesto y saludable. El chakra de la garganta se encuentra en la parte media del cuello. Es muy importante, ya que se ocupa de las relaciones con los demás. Es importante que tenga este chakra abierto y equilibrado para comunicar libremente sus sentimientos, pensamientos y emociones sin sentirse amenazado por nadie a su alrededor.

Efectos físicos de un chakra de la garganta bloqueado

Cuando este chakra está bloqueado, experimentará problemas como dolor en la garganta. A veces, incluso puede perder la voz. Otras cosas con las que puede tener que lidiar son úlceras en la boca, problemas con la glándula tiroides, indigestión, acidez estomacal y desórdenes alimenticios. Tampoco son ajenos los problemas auditivos y dentales. Este chakra está conectado con los oídos, la boca y la garganta, por lo que si el desequilibrio o bloqueo de *Vishuddha* no se aborda a tiempo, estas partes del cuerpo se verán muy afectadas. Esto no significa que no deba acudir a un profesional médico para tratarlos, sino que además debería hacer algún trabajo con los chakras para ayudar al proceso de curación y recuperación, y más que eso, ayudarse a vivir expresando su verdad al máximo.

Efectos emocionales de un chakra de la garganta bloqueado

Con un chakra de la garganta bloqueado, es posible que no pueda decir lo que piensa a quienes lo rodean. También es posible que acabe tratando a los demás como si debieran saber o entender lo que siente y lo que pasa en su vida, sin entender que no todo el mundo lee la mente. Puede poner demasiada presión y expectativas en los demás para que lo entiendan.

Otro problema es que le cueste expresarse cuando algo le molesta. Se reprime o dice cosas sin sentido. Puede que se sienta solo, incómodo a la hora de ser franco, incluso con usted mismo, y eso se debe al nudo de miedo constante en el estómago y a amenazas que, la mayoría de las veces, no son reales, al menos no para usted y su experiencia vital. La sensación de estar constantemente amenazado hace que sea propenso a sentir dolor de hombros y de cuello, ya que está constantemente tenso y atento a cada cosa dice. No solo vigila lo que dice, sino que es consciente de lo que dice su cuerpo y de lo que no dicen sus palabras. Es una forma terrible de vivir, y si este es su caso, debería hacer algo para equilibrar este chakra y poder respirar con tranquilidad. No vale la pena vivir con una ira constante producida por la paranoia y el ocultamiento de la verdad.

Efectos espirituales de un chakra de la garganta bloqueado

Espiritualmente, puede sentir imposibilidad de escuchar y conectar con lo divino. Es una sensación extraña, como si todo lo que existiera para usted fuera su ser físico. Sus guías espirituales pueden esforzarse para comunicarse, pero usted no conseguirá recibir ni uno solo de sus mensajes y, como resultado, se encontrará constantemente en situaciones que podría haber evitado. Es fácil argumentar que no recibe mensajes de sus guías espirituales porque nunca ha tenido esa capacidad. Pero la realidad es que todos los recibimos. La clariaudiencia puede manifestarse de innumerables maneras, y no significa que no la haya experimentado antes.

Así que, cuando su chakra de la garganta está bloqueado, no solo se está imposibilitando para poner su verdad en el mundo, sino que también está impidiendo que su espíritu divino llegue a usted. Piense en su chakra de la garganta como un oído. Hágalo, aunque sea un poco extraño. Su chakra de la garganta le permite comunicar su propia esencia a otras personas y dictar cómo será su mundo. En otras palabras, es un centro energético esencial para la manifestación. Sin embargo, su chakra de la garganta hace mucho más que eso, porque también es un punto de recepción de bloques de información o descargas del reino espiritual que podrían ayudarle a lograr las cosas que quiere en la vida. Por lo tanto, cuando este chakra está desequilibrado, es posible que no reciba información clara, y cuando está completamente bloqueado, puede sentirse como si estuviera aislado de aquello que le permite ser, ya que todos somos espíritus en nuestro núcleo.

¿Qué bloquea el chakra de la garganta?

Los hábitos sucios y desagradables, como fumar o beber, pueden provocar el cierre del chakra de la garganta. El significado de la palabra sánscrita del chakra de la garganta es purificación. Por lo tanto, las cosas que pueden bloquear este chakra incluyen comer alimentos poco saludables. También puede bloquearse cuando piensa en otras personas de manera poco honorable. Por lo tanto, tenga en cuenta el tipo de pensamientos que guarda en su interior para no generar bloqueos. Obviamente, es difícil decirle a la gente las cosas negativas que percibe de ellos, y esto significa que, a la hora de la verdad, la tentación de mentir y halagar se vuelve demasiado grande. Estas son las cosas que pueden causar un desequilibrio en este centro energético.

¿Qué se siente cuando el chakra de la garganta está despierto y equilibrado?

Cuando tiene un chakra de la garganta activo, expresar sus sentimientos no es algo que evite. No es que no se dé cuenta de las consecuencias de decir su verdad, pero no dejará que esas cosas lo retengan. Se da cuenta de que no es su responsabilidad proteger a los demás de sus emociones, por lo que dirá su verdad, incluso si les ofende. Esto no significa que se convierta en una persona terrible. Solo que no se deja silenciar por el miedo a la reacción de los demás. En todo caso, equilibrar el chakra de la garganta hará que, cuando se comunique, pueda hacerlo no solo con la plenitud de la verdad, sino también con amor.

Otra cosa interesante que les ocurre a las personas que equilibran su chakra de la garganta es que empiezan a hablar en voz alta. Cuando digo en voz alta no significa de forma odiosa, sino con seguridad. También hay una especie de musicalidad en la forma de decir las cosas. Cuando aquellos que eran habladores debido a la hiperactividad de los chakras de la garganta equilibran este centro energético, comienzan a no hablar tanto como antes. Pueden hacer una pausa y escuchar lo que la otra persona tiene que decir en lugar de dar su parte. El equilibrio de este centro energético significa que ya no se permiten los chismes y no se dicen mentiras innecesarias solo para empezar un drama. También dejan de interrumpir a la gente cuando intenta decir algo.

Si solía tener problemas como pérdida de la voz, problemas de tiroides, dolor de cuello, dolor de oído, trismo o problemas al tragar, esas cosas serán cosa del pasado. Los problemas digestivos también cesarán.

Mantras y afirmaciones para desbloquear el chakra de la garganta

Las siguientes son afirmaciones que puede utilizar para desbloquear y equilibrar su chakra de la garganta:

- No tengo problemas para conectar con mi conocimiento interior.
- Puedo decir mi verdad sin miedo.
- Sé que mi voz merece ser escuchada.
- Digo la verdad con amor.
- En todo lo que digo, soy amable y gentil.
- Honro el hecho de que los demás tienen derecho a expresar sus verdades.
- Honro el hecho de que mi verdad tiene derecho a ser diferente de la de los demás.
- Me resulta fácil expresarme con autenticidad.
- Permito libremente que mi creatividad y mi alegría brillen a través de mí.
- Reconozco la verdad siempre que la encuentro.
- Hablo con valentía.
- Mis palabras fluyen con gracia.

El mantra para dar fluidez y equilibrio al chakra de la garganta es HAM, que es el sonido semilla del *Vishuddha*. Pronúncialo H-Ah-M, no ham, como en jamón. También puede cantar el sonido «ee», pronunciado como «ii». Hágalo en la tonalidad de Sol para obtener resultados más potentes.

Cristales y aceites

Los mejores cristales para limpiar el chakra de la garganta son la aguamarina, la turquesa, el ágata azul, la apatita azul, el lapislázuli y la cianita. Los mejores aceites esenciales para trabajar son la mirra, la magnolia, el azahar, la lila, la arvejilla, el benjuí y el incienso.

Trabajo de respiración para el chakra de la garganta

Las mejores formas de *pranayama* para el chakra de la garganta son el trabajo respiratorio «contra la ola» o *pranayama Viloma* y la respiración refrescante. Como ya hemos hablado de cómo hacer la respiración refrescante, vamos a aprender a hacer la primera.

Respiración contra la ola

1. Acuéstese o siéntese en una posición cómoda.

2. En su mente, divida sus pulmones en tres.

3. Respire profundamente y llene solo el primer tercio de los pulmones, ubicado en la parte más baja.

4. Mantenga esa inhalación durante tres segundos. Si es demasiado tiempo, puede mantenerla durante dos.

5. Vuelva a inspirar para llenar la segunda parte de sus pulmones. Esta es la parte media. Mantenga esa inhalación durante dos segundos.

6. Inspire una vez más para llenar la tercera parte de los pulmones. Asegúrese de que están bien llenos, pero sin sentir tensión en ellos. Mantenga esa respiración durante dos segundos más.

7. Vacíe los pulmones en una sola y larga exhalación.

8. Haga unas cuantas respiraciones regulares para poder recuperarse.

9. Lleve la atención a su cuerpo y asegúrese de sentirse relajado.

10. De nuevo, inhale largamente y llene sus pulmones por completo. Mantenga esa respiración durante unos segundos.

11. Ahora vacíe el tercio inferior de sus pulmones. Haga una pausa de un par de segundos.

12. Vacíe el tercio medio de los pulmones y haga una pausa de un par de segundos.

13. Exhale una vez más, vaciando todo el aire de sus pulmones. Haga una pausa de un par de segundos y observe la quietud que lo rodea.

14. Cuando sus pulmones le pidan volver a respirar, hágalo con una inhalación suave y larga, luego exhale y relájese.

15. Permítase descansar unos instantes, respirando normalmente, antes de repetir el proceso.

Realice este ejercicio mientras está acostado en el suelo en la postura del cadáver, también conocida como *savasana*. Esta postura consiste simplemente en tumbarse de espaldas con los brazos y las piernas extendidos, como una estrella de mar.

Posturas de yoga para el chakra de la garganta

Las mejores posturas de yoga para este chakra son:

- Postura de la cobra bebé o *Ardha bhujangasana.*
- Postura del pez o *Matsyasana.*
- Postura del arado o *Halasana.*

La postura de la cobra bebé

1. En primer lugar, acuéstese sobre la esterilla boca abajo. Puede apoyar la frente o la barbilla en el suelo.

2. Coloque las palmas de las manos en el suelo, justo debajo de los hombros.

3. Apriete los músculos de su centro.

4. Lleve su atención a los omóplatos y júntelos.

5. Inhale profundamente mientras levanta el pecho de la esterilla. A diferencia de la postura de la cobra normal, solo vas a levantar el pecho hasta que el cuello y la cabeza se despeguen del suelo y puedas mirar al frente.

6. Permanezca en esa posición durante dos respiraciones o más.

7. Para bajar, exhale mientras vuelve a llevar el pecho y la cabeza al suelo.

Si siente algún tipo de tensión al realizar este ejercicio, intente separar aún más los pies para reducir la tensión en la parte baja de la espalda.

La postura del pez

Postura del pez
https://www.pexels.com/photo/woman-practicing-yoga-3822585/

1.Comience acostado boca arriba sobre su esterilla.

2.Apóyese en los codos. La parte superior de los brazos y el suelo deben estar perpendiculares entre sí, y las palmas de las manos deben estar en el suelo.

3.Presione la tierra con las palmas de las manos. Si quiere más estabilidad, puede colocarlas debajo de su cola.

4.Deja caer la cabeza hacia atrás como si quisiera que la parte superior de ella llegue al suelo. Si lo está haciendo correctamente, su garganta debe quedar expuesta y mirando hacia el cielo.

5.Involucre los músculos de los dedos de los pies y de las piernas durante toda esta postura.

6.Cuando esté listo para salir de ella, empuje sus cuatro extremidades hacia abajo y levante la cabeza del suelo hasta que su garganta ya no esté expuesta.

7.Finalmente, deje que la parte superior de su cuerpo vuelva a bajar a la tierra.

La postura del arado

1.Acuéstese en su esterilla de yoga. Es posible que tenga que doblarla o utilizar una manta para estar más cómodo. Si opta por usar una manta, sosténgala apoyando los hombros, el cuello y la cabeza.

2.Comience colocando ambos brazos en el suelo, manteniéndolos con las palmas hacia abajo y extendidos hacia sus pies.

3.Presione la tierra con ambas palmas, haciendo fuerza con los antebrazos para crear una palanca que le permita levantar las piernas con facilidad.

4.Levante las piernas a 90 grados. Manténgalas ahí durante un rato.

5.A continuación, levante los glúteos, trabajando con los músculos abdominales para ayudarse a pasar los pies por encima de la cabeza. Quiere que sus pies toquen el suelo a la altura de su cabeza, si le es posible. Asegúrese de que sus piernas permanezcan rectas.

6.Ahora puede unir las manos entrelazando los dedos. Asegúrese de que sus brazos no se doblan. Los nudillos deben dirigirse hacia los pies mientras mantiene los hombros conectados con el suelo. Alargue la postura elevando el pecho un poco más.

7.¿Sus hombros se han desviado? Vuelva a alinearlos de uno en uno con un movimiento de balanceo. Asegúrese de que están debajo de sus caderas y alineados con ellas. Si necesita sentirse más estable, puede empujar los pies hacia abajo.

8.Es importante que NO intente mirar a su alrededor desde esta posición, o podría lastimar terriblemente su cuello, así que manténgalo neutral, con la mirada hacia el techo.

9.Para salir de esta postura, los brazos deben volver al suelo, con las palmas hacia abajo. A continuación, relájelos mientras levanta los pies, trabajando con los músculos centrales, y luego deje que las vértebras vuelvan a conectarse con el suelo de una en una. Tómese su tiempo para salir de esta postura y asegúrese de que los pies y las piernas permanezcan rectos.

Meditaciones de los chakras

Entre cinco y quince minutos por cada sesión, puede hacer una de estas meditaciones o combinarlas como prefiera:

1.Cante HAM o «ee» en clave de Sol.

2.Elija una o varias de las afirmaciones que se ofrecen aquí (o cree las suyas propias) y piense en ellas. Puedes decirlas en voz alta o simplemente pensar en lo que significan para usted y su vida.

3.Imagine que hay una luz azul brillante que sale del *Vishuddha* y lo envuelve.

4.Mientras medita, visualice su chakra de la garganta como una bola azul brillante. ¿Nota algún punto o área oscura? Eso está bien. Puede simplemente imaginar que está respirando a través del chakra, inhalando la luz azul brillante y exhalando la oscuridad. Continúe respirando esta luz hasta que la bola sea totalmente azul. Puede seguir respirando o dejar de hacerlo cuando la bola vuelva a ser brillante.

5.Practique el trabajo de respiración descrito aquí. Puede hacerlo mentalmente en combinación con sus mantras.

6.Intente meditar con los cristales mencionados en sus manos o pensando en ellos. Puede trabajar con uno solo o con varios. Si nota que su atención se desvía del cristal, vuelva a concentrarse en él y no se frustre por la distracción. Nos pasa hasta a los mejores.

7.Trabaje con el olor de los aceites esenciales enumerados anteriormente. Pueden ayudar a abrir los chakras y a mantenerlo enraizado en la meditación.

8.La alimentación consciente también es una opción. Visualice las comidas como luz azul, y mientras come, imagine que toda esa energía va directamente a trabajar en su *Vishuddha*. Algunos buenos alimentos azules son las ciruelas pasas, las uvas, los arándanos, la harina de maíz azul y la ciruela.

Capítulo ocho: La curación del chakra del tercer ojo

Correspondencias

Sánscrito: *Ajna*
Significado: Centro de mando
Color: Índigo
Sonido de la semilla: Om
Ubicación en el cuerpo: Entrecejo
Elemento: Luz
Propósito psicológico: Intuición
Carga: Ilusión

¿Qué hace el chakra del tercer ojo y por qué es importante?

El chakra del tercer ojo se encuentra en el centro de la frente, situado justo sobre la unión de las cejas. Se le conoce como la sede de la conciencia universal. Como ya sabrá, el cerebro humano está dividido en dos hemisferios, el izquierdo y el derecho. Estas dos mitades se comunican entre sí a través de fibras nerviosas conocidas como cuerpo calloso. En la mayoría de las personas, las dos mitades están sincronizadas entre sí y funcionan conjuntamente para procesar la información sensorial del entorno.

Sin embargo, algunos individuos tienen un chakra del tercer ojo en desarrollo o completamente desarrollado que les permite acceder a información fuera del ámbito de sus cinco sentidos. Como no hay medios físicos para explicar el acceso de estos individuos a esa información (como la vista, el sonido, etc.), suele percibirse como algo paranormal o espiritual. Ocurre cuando una persona recibe impresiones de eventos o lugares futuros, eventos pasados, o simplemente es excepcionalmente intuitiva. Se trata de la percepción extrasensorial (PES), que va más allá de los sentidos básicos y permite recibir información a través de otros medios, como la telepatía (capacidad de leer la mente) y la precognición (capacidad de ver el futuro).

El tercer ojo actúa como una puerta entre nuestro yo consciente y el inconsciente, ya que se encuentra exactamente en el lugar en el cual las dos mitades del cerebro se comunican entre sí. Esta puerta permite a la persona acceder conscientemente a la información almacenada dentro de su yo inconsciente. Es la misma capacidad que nos permite soñar. Esto puede parecer un poco desalentador al principio, pero una vez que se familiarice con las habilidades del chakra del tercer ojo, podrá utilizar esta puerta para su beneficio. De hecho, pronto se encontrará utilizando esta puerta tanto como sea posible para entender cualquier cosa de la realidad.

El chakra del tercer ojo también juega un papel central en la mediación de los estados de trance, estados entre estar despierto y dormido. Este es un rasgo importante del chakra del tercer ojo porque permite al individuo acceder a una conciencia elevada que a menudo se relaciona con la hipnosis. Esta capacidad se suma al rol del tercer ojo como puerta entre la mente consciente e inconsciente, permitiendo alcanzar fácilmente el estado de trance.

Todos estamos familiarizados con lo que ocurre cuando el cuerpo entra en hipnosis: empezamos a perder la capacidad de pensamiento racional y empezamos a recordar acontecimientos pasados, visiones o conversaciones que hemos tenido con otras personas. Los estados de trance también son utilizados por algunas personas en la magia para sus rituales o hechizos. También se utiliza en la hipnoterapia, donde un hipnotizador ayuda a alguien a entrar en un estado de trance para superar un problema. En todo esto, el chakra del tercer ojo es clave para que el individuo alcance el estado de trance.

El chakra del tercer ojo también está asociado con la conciencia superior y la autoconciencia, por lo que está vinculado con la clarividencia y la intuición. Esta asociación también puede estar vinculada con la memoria fotográfica y una memoria excepcional, vinculadas a estados más avanzados de relación con el chakra del tercer ojo.

Este chakra trabaja en conjunto con la glándula pineal, que se encuentra en el centro del cerebro, justo encima del tercer ojo. La glándula pineal tiene muchas funciones dentro del cuerpo humano, pero una muy importante es la liberación de melatonina por la noche. La melatonina liberada por la glándula pineal permite soñar con mayor frecuencia y claridad. Esto ayuda a sanar el cuerpo a recuperarse de lesiones físicas y a liberar la tensión mental, y permite tener más energía para el día.

Efectos físicos de un chakra del tercer ojo bloqueado

Un chakra del tercer ojo bloqueado afectará a todo su cuerpo porque es un componente central de su ser. Esto es especialmente cierto para las personas que trabajan regularmente con el chakra del tercer ojo, porque dependen de su capacidad para acceder a la información a través de otros medios para sus trabajos o tareas (por ejemplo, meditación, yoga, etc.).

Los efectos físicos de un chakra del tercer ojo bloqueado son fáciles de detectar: dolores de cabeza, fatiga, mareos y náuseas pueden sentirse sin motivo aparente.

La somnolencia excesiva o el insomnio también son signos de un chakra del tercer ojo bloqueado. La somnolencia es el resultado de la falta de sueño, pero el insomnio puede ser un signo de pesadillas o problemas con los sueños, lo que apunta a problemas del tercer ojo.

También hay efectos físicos que pueden ocurrir en personas que han alcanzado el nivel de iluminación espiritual. Cuando la glándula pineal libera suficiente melatonina, puede afectar al cuerpo de forma difícil e incómoda: hace que experimente cambios en su visión y otras experiencias sensoriales. También se siente como si una parte del ser hubiera sido arrancada o eliminada del cuerpo físico, lo que puede provocar sentimientos de asfixia o temor. Esta puede ser una experiencia muy incómoda para algunas personas, y muchas nunca superan esta sensación.

Otros problemas son las alucinaciones, los pensamientos exagerados, la sensación de estar perdido, las dudas constantes sobre sí mismo, la paranoia, la tensión constante en la zona de la frente, los problemas de audición, los problemas de sinusitis, los problemas oculares, los dolores de cabeza y las migrañas, los problemas para concentrarse y dormir, los problemas para pensar, la confusión, etc. Por favor, asegúrese de consultar a su médico antes de decidir que sus problemas son solo del tipo que se puede arreglar con las meditaciones del tercer ojo.

Efectos emocionales de un chakra del tercer ojo bloqueado

Los efectos emocionales de un chakra del tercer ojo bloqueado pueden ser tan difíciles de tratar como los síntomas físicos. Las emociones pueden cambiar drásticamente para quien tiene el chakra del tercer ojo bloqueado, y pueden dar lugar a trastornos del estado de ánimo. Si usted encuentra que sus emociones cambian rápidamente y tiene dificultades para controlarlas, esto puede indicar que su chakra del tercer ojo está bloqueado. Esto es especialmente cierto si ha tenido problemas para lidiar con el estrés o la ansiedad en el pasado.

Un *Ajna* bloqueado también afecta su capacidad de pensar con claridad, lo que significa que puede empezar a experimentar pérdidas de memoria. Si le sucede, es probable que tenga días muy difíciles, ya que puede que sea incapaz de recordar información importante para su vida o que ha sucedido en el pasado.

Las personas que tienen una mala regulación emocional probablemente se encuentren en un ciclo interminable de «subidas» y «bajadas». Si son extremas, pueden ser difíciles de superar porque llevan a la depresión o ansiedad, que son condiciones difíciles.

Los creyentes en la metafísica han notado que un chakra del tercer ojo bloqueado puede aumentar la sensación de que la vida está predestinada y promover una falta de fe en la capacidad de cambiar algo en ella. Esto puede ser un estado emocional particularmente difícil para aquellos que han alcanzado niveles más altos de iluminación espiritual, porque pueden sentir que no tienen influencia en sus propias vidas o experiencias.

En algunos casos, las personas que tienen el chakra del tercer ojo bloqueado pueden experimentar alguna forma de psicosis. Esto es común entre quienes creen que están siendo dirigidos por una influencia invisible y quienes que han sufrido un evento particularmente traumático que ha afectado su percepción de la realidad.

Efectos espirituales de un chakra del tercer ojo bloqueado

La manifestación espiritual más frecuente de un chakra del tercer ojo bloqueado es la sensación de estar desconectado del universo. Si es su caso, le costará conectarse con los demás y con el mundo que le rodea; incluso puede parecerle que está solo en el planeta Tierra. Esto puede ocurrir cuando su chakra del tercer ojo está bloqueado porque se interrumpe su conexión con el espíritu.

Algunas personas que se identifican como *New Agers* o *Wiccans* también ven su fe amenazada por el bloqueo de su chakra del tercer ojo. Esto hace que cuestionen aquello en lo que creen y busquen otras explicaciones para ciertos acontecimientos de sus vidas.

Otra manifestación espiritual de un chakra del tercer ojo bloqueado es la dificultad para conectar con sus guías espirituales o su Ser Superior. Si tiene problemas con esto, sabrá que hay un problema con su chakra del tercer ojo. Contactar o crear una relación con su guía espiritual o su Ser Superior es extremadamente importante porque pueden darle la asistencia que necesita para sanar efectivamente el chakra del tercer ojo.

Cuando el chakra del tercer ojo está bloqueado, las personas también se sienten como si estuvieran viviendo en otro plano de la existencia. Su perspectiva del entorno y de lo que ocurre a alrededor cambia drásticamente y puede incluso llevar a sentimientos de paranoia y miedo. Quienes sufren esto sienten como si fueran observados o como si alguien o algo intentara hacerles daño.

Si su chakra del tercer ojo está bloqueado y tiene una fuerte conexión espiritual con su Ser Superior, puede ser extremadamente difícil. Puede que sea incapaz de acceder a la sabiduría o de utilizar el poder de su mente de cualquier manera. Por ejemplo, si tiene una idea o una inspiración creativa, es posible que no sepa hacer nada con ella, lo que puede ser frustrante y provocar sentimientos de decepción en su vida. Esto es especialmente cierto para quienes han alcanzado un nivel superior de iluminación espiritual. Si cree que está en el nivel más alto de conciencia espiritual, puede que un chakra del tercer ojo bloqueado cree sentimientos de inferioridad, depresión y desesperanza.

¿Qué se siente cuando el chakra del tercer ojo está despierto y equilibrado?

Cuando su chakra del tercer ojo está equilibrado, es probable que tenga experiencias «sobrenaturales» que se sienten reales. Puede experimentar un despertar espiritual y escuchar sonidos del universo y ver cosas que son invisibles para los demás. Cuando el chakra del tercer ojo esté equilibrado, tendrá un nivel muy alto de intuición, e incluso puede experimentar sueños vívidos.

Vale la pena dedicar tiempo a trabajar en este centro energético, porque cuando lo haga, y funcione como debe, se sentirá en un momento de plenitud espiritual. Estará más en sintonía con su entorno, incluyendo las personas y las criaturas, y se sentirá en paz con todo en su vida. Si alguna vez ha tenido un problema, puede utilizar esta conciencia espiritual para concentrarse en él y empezar a resolverlo. Verá inmediatamente los resultados de sus acciones, lo que le animará a seguir adelante hasta que haya resuelto todos los problemas que han frenado su crecimiento.

A medida que siga abriendo su chakra del tercer ojo, le resultará más fácil meditar. De hecho, quienes tienen el chakra del tercer ojo despejado entran en estado de meditación muy rápidamente, y pueden concentrarse en las cosas verdaderamente importantes para ellos. Con este nivel de enfoque, es más fácil tomar decisiones y hacer cambios en sus vidas según sea necesario. Cuando su *Ajna* está equilibrado, es más probable que pueda manejar cualquier problema emocional que le surja porque podrá estar siempre centrado y en control de sus emociones.

Mantras y afirmaciones para desbloquear el chakra del tercer ojo

Las siguientes son afirmaciones que puede utilizar para abrir este centro y mantenerlo en equilibrio:

- Estoy equilibrado desde todas las direcciones: norte, este, sur y oeste.
- Estoy relajado y sereno, viviendo mi vida sin preocupaciones ni prevenciones.
- Mi chakra del tercer ojo está abierto y funciona correctamente.
- Confío en mi intuición al tomar decisiones en todos los ámbitos de mi vida. Mi mente y mi cuerpo trabajan en sinergia con mi espíritu.
- Estoy rodeado de energía positiva en mi día a día.
- Mi chakra del tercer ojo está abierto y me permite experimentar la vida en su máximo potencial.
- Soy consciente de todo lo que existe a mi alrededor y soy capaz de aprovecharlo. Estoy preparado para cualquier cosa que se me presente.
- Conozco la presencia de un mundo invisible, pero eso no me impide vivir en este.
- Utilizo la energía del espíritu para tomar mejores decisiones en todos los ámbitos de mi vida.
- Mi chakra del tercer ojo está despierto y funciona correctamente.
- Los milagros están presentes en mi vida, siempre.

En cuanto a los grandes mantras, puede cantar el sonido semilla de este chakra, que es el OM (pronunciado Oh-M), o simplemente puede hacer «mmmmm» una y otra vez, en su mente o en voz alta. hágalo en la tonalidad La para obtener mejores resultados.

Cristales y aceites

Los mejores cristales para trabajar este chakra son el cuarzo claro, la amatista, la sodalita, la obsidiana negra, la labradorita, la lepidolita y la iolita. En cuanto a los aceites, trabaje con enebro, elemí, incienso, laurel, mejorana, lavanda, pachulí, cedro y salvia.

Trabajo de respiración para el chakra del tercer ojo

Las mejores formas de *pranayama* para este centro son la *Nadi shodhana* o respiración nasal alterna, que ya hemos descrito, y el *pranayama Bhastrika*. *Bhastrika* significa «rugido».

Respiración de fuelle

Antes de empezar, es importante estar con el estómago vacío y después de haber defecado. Esta es la condición óptima si quiere resultados maravillosos.

1. Debe realizar este ejercicio sentado en una silla cómoda. asegúrese de que su cuerpo está apoyado justo encima de su cintura y que su columna vertebral se mantiene cómoda y recta hacia el techo. Cierre suavemente los ojos.

2. Con toda la fuerza que pueda, inhale y exhale por la nariz. Asegúrese de no tensionarse.

3. Continúe inhalando y exhalando de esta manera, usando los músculos del diafragma. El estómago debe subir con cada inhalación cuando el diafragma baja, y luego debe hundirse cuando el diafragma sube. Debe intentar que estos movimientos sean más exagerados de lo habitual. Si lo hace bien, su nariz debería hacer bastante ruido. Asegúrese de mantener el ritmo de su respiración para tener el control del proceso.

4. Continúe respirando de esta manera durante un total de diez inhalaciones y exhalaciones. Constituye una ronda completa de este trabajo de respiración.

5. Dedique unos momentos a respirar con normalidad y luego realice otra ronda.

Posturas de yoga para el chakra del tercer ojo

Las mejores posturas para el chakra del tercer ojo son:

- La postura del niño o *Balasana.*
- La postura del cachorro o *Uttana shishosana.*
- La postura de las piernas contra la pared o *Viparita Karani.*

La postura del niño

1. Siéntese en su esterilla de yoga con las dos espinillas debajo de usted. Mantenga ambas rodillas abiertas en los bordes de la esterilla.

2. Mueva suavemente ambas manos hacia el frente, pero siga sentado sobre sus talones mientras lo hace.

3. Cuando no pueda moverse más, deje que la parte superior del cuerpo, la cabeza y los brazos se hundan en la tierra mientras separa los dedos y los presiona contra el suelo.

4. Con cada inhalación, imagine que su columna vertebral se alarga. Imagine que su cabeza llega a la parte delantera de la habitación y que su coxis llega a la parte trasera, para que su torso se estire correctamente.

5. Con cada exhalación, siéntase más arraigado en la tierra.

6. Continúe así durante las siguientes tres o cinco respiraciones (o más si se siente capaz) hasta que esté totalmente relajado y presente en el aquí y el ahora.

La postura del cachorro

1. Empiece con las manos y las rodillas sobre la esterilla. Recuerde que sus caderas y rodillas deben estar alineadas entre sí.

2. Camine hacia adelante solo con las manos, manteniendo las caderas en su sitio. Siga avanzando hasta que su pecho o su frente se acerquen al suelo tanto como pueda, mejor si tocan el suelo. Si es flexible, intente apoyar la barbilla en el suelo.

3.Separe los brazos con suavidad y respire profundamente de tres a cinco veces.

La postura de las piernas en la pared

1.Comience acostado sobre la espalda. Debe estar cerca de una pared, con su trasero tocándola, o lo suficientemente cerca de ella para mantener la columna vertebral larga durante esta postura.

2.Sus piernas deben estar estiradas contra la pared, con ambos pies flexionados hacia el cielo.

3.Puede dejar que sus brazos cuelguen a los lados en el suelo, o puede moverlos más arriba para que estén en línea con los hombros.

4.Permanezca en esta postura el tiempo que le resulte cómodo.

Meditación del chakra del tercer ojo

Recuerde que necesita entre cinco y quince minutos para cada uno de estos ejercicios; también puede mezclarlos según sea necesario para obtener resultados más interesantes e inmediatos en este chakra.

1.Cante «OM» mientras está sentado en loto, o repítalo una y otra vez en su mente.

2.Elija una o varias de las afirmaciones de este capítulo para pensar en ellas o recitarlas. Siéntase libre de elaborar algunas propias si lo prefiere.

3.Visualice una luz índigo brillando desde su tercer ojo, que lo envuelve de la cabeza a los pies, infundiéndole su energía y haciéndolo más receptivo a todo lo espiritual y bueno.

4.Medite y visualice una bola índigo luminosa que se asienta en el centro de su frente, brillando poderosamente. Si nota alguna mancha negra en ella, expúlsela con cada exhalación, e inhale una luz índigo más potente con cada repetición hasta que el orbe brille sin ninguna mancha. Para obtener mejores resultados, imagine que está respirando luz a través de tu tercer ojo, en lugar de su nariz.

5.Utilice el trabajo de respiración recomendado en este capítulo.

6.Medite con los cristales o sobre ellos.

7.Amplifique sus meditaciones trabajando con los aceites esenciales recomendados.

8.Practique la alimentación consciente, visualizando la comida como luz índigo que entra en usted. Observe cómo la energía sube a su tercer ojo, fortaleciéndolo, equilibrándolo y eliminando los bloqueos. Algunos alimentos que son buenos para este propósito: alimentos azules totalmente naturales, col rizada púrpura, zanahorias púrpuras, col púrpura, uvas púrpura y berenjenas.

Capítulo nueve: La curación del chakra de la corona

Correspondencias

Sánscrito: *Sahasrara*
Significado: Mil veces
Color: Blanco o Violeta
Sonido de la semilla: Ninguno
Ubicación en el cuerpo: En la parte superior de la cabeza
Elemento: Pensamiento
Propósito psicológico: Comprensión
Carga: Apego

¿Qué hace el chakra de la corona y por qué es importante?

El séptimo chakra está situado en la parte superior de la cabeza y rige la espiritualidad, la veracidad en la comunicación y la comunicación con el Ser Superior. También se ocupa de la intuición, la sabiduría y la comprensión de cómo la vida encaja en un patrón o propósito mayor. Quienes tienen el chakra de la corona sano pueden tomar decisiones difíciles con sabiduría y precisión porque no están apegados a las cosas materiales o a los resultados. Se interesan por lo que saben, independientemente de factores externos como el dinero o el estatus.

Este centro de energía se asocia con el desapego y la trascendencia. Es crucial en la meditación. Piense en él como un ancla para su energía espiritual, que lo conecta con lo divino. En la filosofía oriental, especialmente en el budismo, se cree que cuando nos desprendemos de los apegos mundanos, podemos experimentar directamente el amor de Dios. Si tiene problemas para mantenerse con los pies en la tierra o se siente alejado de la vida cotidiana (o incluso si solo quiere probar algo nuevo), meditar en el chakra de la corona puede ayudarle a reorientarse en la realidad física mientras se mantiene en contacto con la realidad espiritual.

El chakra de la corona es la joya de la corona de su sistema energético, y cuando funciona a niveles óptimos, le resultará más fácil conectar con su ser espiritual mientras medita, practica yoga, o simplemente navega por la vida. También es probable que sea más sensible a lo que los demás piensan y sienten, y que otras personas sientan que encuentran en usted una respuesta para todo. Esto se debe a que está conectado con la dimensión espiritual, que es de donde fluye todo lo demás en la vida. El espíritu es todo aquí y ahora y nunca «allí» o «entonces»; por lo tanto, tendrá acceso a las verdades eternas y a la verdad que yace dentro de todos y cada uno. También comprenderá sus verdaderas motivaciones y no se entregará a actividades que lo alejen de su objetivo más elevado. No malgastará su energía en cosas sin sentido cuando se relacione adecuadamente con su chakra de la corona.

Por ejemplo, usted puede querer pasar más tiempo con su familia, pero cree que antes de hacerlo tiene que asegurarse de que gana suficiente dinero para cuidar de ellos. Cuando su chakra de la corona funciona como debería, se da cuenta de la importancia de gestionar su tiempo como corresponde y pasar tiempo en familia, en vez de desperdiciarlo enterrado en el trabajo.

También puede pensar que necesita saltar de su antigua relación a otra, pero con un chakra de la corona funcional, llega a darse cuenta de que el amor que busca está dentro de usted y que puede dárselo a sí mismo de inmediato, en lugar de esperar a que llegue la persona «adecuada» y asignarle una responsabilidad que en realidad es suya. Vamos a resumirlo de esta manera: cuando su chakra de la corona funciona como debería, usted está «atento» a todos los traspiés, incluyendo los suyos.

Efectos físicos de un chakra de la corona bloqueado

Cuando tiene el chakra coronario bloqueado, puede experimentar frecuentes dolores de cabeza, migrañas, dificultad para concentrarse, mareos, aturdimiento o vértigo, problemas para pensar con claridad o tomar decisiones y una mayor sensibilidad a la luz o al sonido (que puede conducir a la irritabilidad, la ira, la depresión y la inquietud). Además, hay un mayor riesgo de infecciones virales (resfriados, gripe, etc.), ya que su sistema inmunológico está comprometido. Quienes no abordan los bloqueos y desequilibrios en el chakra de la corona pueden contraer enfermedades de las que es difícil recuperarse. Si esto ocurre, es importante profundizar en la razón del bloqueo de su chakra de la corona y trabajar en su resolución para avanzar hacia una mejor salud.

También podría tener problemas relacionados con los apegos y ser propenso a las adicciones. Por desgracia, esto incluye la adicción a la comida poco saludable y a otras cosas como las drogas y el alcohol.

Efectos emocionales de un chakra de la corona bloqueado

Si su chakra de la corona está bloqueado, puede sentirse emocionalmente inestable y frustrado con las personas que no comparten sus objetivos. A menudo se verá arrastrado a situaciones que le chupan la energía porque le resultan seguras y familiares. Por desgracia, este tipo de situaciones lo alejan de su camino vital.

Un chakra de la corona bloqueado también significa que hay una falta de conocimiento de lo que realmente importa en la vida y cómo vivir en armonía con los demás. Por esta razón, puede sentirse solo y aislado, incluso de sus amigos cercanos, su familia y los desconocidos.

La raíz de estos sentimientos es la falta de confianza en uno mismo, que conduce a una baja autoestima. Además, con un chakra de la corona bloqueado, a menudo no sabrá cuál es su posición en las relaciones, tanto románticas como amistosas, porque no sabe qué es importante para usted.

Efectos espirituales de un chakra de la corona bloqueado

Notará que tiene dificultades para conectar con su interior y sus guías. También pueden ser recurrentes las pesadillas demasiado reales, o por el contrario, la incapacidad de recordar sus sueños. Si cree que recordar sus sueños no es importante, piénselo bien. Los sueños a menudo traen mensajes muy valiosos que necesitamos para la vida; pueden presentar pistas sobre problemas con los que estamos lidiando y que no podemos solucionar con nuestra razón y nuestra lógica. Por lo tanto, no recordar los sueños afectará en todo lo que hace en el mundo físico.

¿Qué se siente cuando su chakra de la corona está despierto y equilibrado?

Su energía fluye hacia arriba y hacia afuera cuando tiene el chakra de la corona saludable. Está conectado con la tierra en el momento presente y puede ver el panorama general de lo que ocurre a su alrededor. Puede desprenderse fácilmente de las situaciones que no le sirvan para alcanzar sus propósitos.

Se siente más conectado con su poder superior y es más propenso a disfrutar de la meditación, el yoga u otras prácticas espirituales. Es más intuitivo, sus instintos son precisos y tiene la sabiduría para comprender su entorno. Su intuición lo guiará hacia la toma de buenas decisiones, al tiempo que podrá mantenerse libre de apegos emocionales.

El despertar espiritual es más que un concepto de moda. Es un viaje que emprende con la intención de encontrar la paz y la satisfacción en el momento presente, y su chakra de la corona es la clave. Cuando tiene este chakra despierto, puede concentrarse en lo más importante, no en lo urgente. Como lo urgente suele ser efímero, su sabiduría elevada le ayudará a encontrar la manera de desprenderse de ello.

En la vida, se va a encontrar con algunas situaciones y personas que no son como parecen. Es difícil evitar que estas situaciones se apoderen de su mente, pero hay una manera de equilibrar su chakra de la corona recordándose a sí mismo que sabe exactamente lo que es real y lo que no lo es.

Cuando suelte la idea de que lo que está experimentando es algo «real», podrá desprenderse completamente de sus pensamientos y vivir en el momento presente, sin pasado ni futuro, y sin expectativas de resultados «correctos» o «incorrectos». Puede que no entienda todo sobre cada situación de la vida, pero será capaz de observar sin juicios ni expectativas.

Mantras y afirmaciones para desbloquear el chakra de la corona

Las siguientes son afirmaciones que puede utilizar cuando esté trabajando en su chakra de la corona:

- Tengo todas las respuestas.
- Mis instintos son correctos y sé lo que es mejor para mí.
- Soy libre de ser y hacer exactamente lo que quiero, sin ataduras.
- Mi chakra coronario está abierto y mi conexión con mis guías espirituales es fuerte.
- Mi intuición me guía por la vida, y no necesito la influencia de nadie más para llegar a ella.
- Ya no lo quiero si no es saludable para mí.
- El ayer no es más real que el mañana, así que dejo que las cosas sean como son.
- No importa cómo resulten las cosas. Todo saldrá bien.
- Estoy muy feliz de que las cosas sean así.
- Sé que soy digno de ser amado y aceptado tal y como soy.
- No busco que nadie me dé un significado o un propósito porque ninguna de estas cosas es mía.

- Cada gota de divinidad está dentro de mí.
- Estoy conectado con mi fuente.
- Yo emito amor y luz en todos los aspectos de mi vida.

El mantra con el que debe trabajar es el sonido «NG», pronunciado como en tango. Cántelo en clave de Si para activar y equilibrar el *Sahasrara*.

Cristales y aceites

Puede utilizar fluorita, charoita, calcita blanca, ágata blanca, cuarzo claro, lapislázuli, amatista, lepidolita, selenita, sugilita, labradorita y piedra lunar. Los mejores aceites esenciales son benjuí, semilla de anís, albahaca, nardo, palo santo, sándalo, incienso, mirto y gálbano.

Trabajo respiratorio para el chakra de la corona

Los mejores trabajos de respiración para el chakra de la corona son:

- *Sitali pranayama*, o la respiración refrescante.
- *Sitkari pranayama*, o la respiración de sorbo

Puede consultar las instrucciones ya dadas sobre cómo realizar la respiración refrescante.

La respiración de sorbo

1. Siéntese en una silla o en la posición de loto en un lugar tranquilo y con ropa cómoda. Cierre suavemente los ojos.

2. Respire profundamente para relajar su cuerpo y su mente. Tómese su tiempo para ello, y avance solo cuando esté bien concentrado.

3. Separe ligeramente los labios y deje que la lengua se asome un poco por la boca.

4. Inhale por la boca. El aire debe pasar por delante de la lengua y girar alrededor de los dientes. Notará un sonido como de sorbo o siseo si lo está haciendo bien. No es necesario forzar el sonido; simplemente relájese en él.

5. Cierre los labios y trague el aire cuando termine de inhalar.

6. Aguante la respiración durante dos o tres segundos, manteniendo la lengua contra el paladar.

7. Ahora es el momento de exhalar. Hágalo por la nariz y asegúrese de vaciar completamente sus pulmones mientras sus labios permanecen sellados. Esta es una ronda completa de la respiración de sorbo. Puede hacer algunas rondas más y tomar descansos según sea necesario.

Lo ideal es que, al empezar, la inhalación y la exhalación duren aproximadamente el mismo tiempo. A medida que vaya mejorando, la exhalación debería durar el doble que la inhalación. Solo necesita entre ocho y diez rondas para empezar a experimentar los beneficios de la respiración refrescante. Es una buena idea hacer entre quince y veinte rondas cuando sea más hábil, una vez al levantarse y otra antes de acostarse.

Posturas de yoga para el chakra de la corona

Algunas de las mejores posturas para ayudarle a abrir y equilibrar el chakra de la coronilla son

- *Sasangasana* o la postura del conejo.

- *Makarasana* o postura del cocodrilo.

- *Gomukhasana* o postura de la cara de vaca.

La postura del conejo

1. Arrodíllese sobre su esterilla de yoga. Mantenga las rodillas juntas.

2. Lleve la parte superior de la cabeza hacia abajo hasta tocar el suelo.

3. Estire los brazos hacia atrás y agarre los talones con las manos.

4. Permanezca en esta posición durante el tiempo que se sienta cómodo.

5. Cuando esté listo para salir de ella, suelte los talones y levante lentamente la cabeza del suelo.

La postura del cocodrilo

1. Empiece por sentarse sobre las espinillas en la esterilla, con las rodillas juntas.
2. Estire las manos hasta tocar el suelo delante de usted.
3. Ahora, estire las piernas hacia atrás, manteniéndose en la punta de los pies.
4. Lleve las piernas hacia el suelo y flexione los pies para que la parte superior quede sobre la esterilla.
5. Deje que sus caderas caigan al suelo, seguidas de su vientre, pecho y hombros. Asegúrese de que mira al suelo y de que ambos codos están a los lados. Sus palmas deben estar en contacto con el suelo.
6. Ahora, mueva ambas manos hacia el frente y crúcelas lentamente una sobre la otra. Apoye la cabeza en los brazos cruzados. Recuerde que debe seguir boca abajo.
7. Si lo prefiere, puede dejar los brazos a los lados mientras aprieta la frente contra la esterilla y estira ambas piernas para alargar la espalda.
8. Cuando esté preparado, salga de esta postura lentamente.

Postura de la cara de vaca

Postura de la cara de vaca

1.Comience en la posición de loto, con su pierna derecha por encima de la izquierda.

2.A continuación, deslice ambas rodillas para que estén alineadas con su centro. Si necesita ayuda para hacerlo, puede inclinarse un poco hacia delante sobre ambas manos y rodillas.

3.Levante el brazo derecho, elevándolo hacia el cielo.

4.Doble el codo derecho mientras mueve la mano derecha por detrás del cuello. Puede empujar un poco el codo con la mano izquierda para que se alinee con su centro, al igual que las rodillas.

5.Levante el brazo izquierdo hacia la izquierda, doblando el codo, y luego mueva el brazo izquierdo hasta la mitad de la espalda.

6.Si puede hacerlo, junte las manos detrás de usted.

7.Tire de los codos hacia el centro y haga todo lo posible para que la cabeza no se vaya hacia delante. Puede evitarlo utilizando la mano derecha como apoyo para la parte posterior de la cabeza. No se esfuerce demasiado y asegúrese de mantener una respiración constante.

8.Cuando esté preparado, relaje ambos brazos al inhalar y vuelva a hacer la postura cambiando de lado.

Meditaciones para el chakra de la corona

Haga lo siguiente entre cinco o quince minutos. Recuerde que puede elegir una opción o combinarlas según le convenga.

1.Cante «NG» en meditación o haga el sonido en su mente.

2.Medite sobre las afirmaciones que le proporcionamos aquí o las que se le ocurran. Puede decirlas en voz alta o simplemente pensar en lo que significan para usted.

3.Imagine que una luz blanca o violeta sale de la parte superior de su cabeza, envolviendo todo su cuerpo con su luz y sobrecargándolo.

4.Mientras practica la meditación de la respiración, visualice su chakra de la corona como una bola de luz blanca o violeta. Observe si hay alguna zona oscura. Inhale profundamente e imagine que está respirando luz blanca o violeta a través del chakra de la corona. Al exhalar, imagine que está exhalando toda esa oscuridad. Continúe así hasta que se acabe el tiempo o hasta que haya exhalado toda la oscuridad.

5. Utilice el esquema de respiración de este capítulo.

6. Practique las posturas de yoga mientras piensa en el mantra y/o visualiza la luz blanca o violeta.

7. Medite con cristales o sobre ellos.

8. Amplifique todas sus meditaciones utilizando un aceite esencial o medite sobre los aromas del aceite.

9. Practique la alimentación consciente y visualice la comida como una luz blanca o violeta que entra en usted mientras come, subiendo a su chakra de la corona para que funcione de forma óptima. Estos son los alimentos que puede comer: hojas de remolacha, ajo, uvas moradas, ciruelas, brócoli, mora, coco, setas, cebollas, jengibre y lichi.

Capítulo diez: Rutina para equilibrar los chakras

Ha recibido mucha información y formas de acción, así que puede que se sienta un poco abrumado sobre qué hacer primero o hacia dónde ir. No se preocupe, porque está a punto de acceder a una encantadora rutina diaria de siete días para ayudarle con cada uno de sus chakras. No, no es un chakra al día. Necesita pasar tiempo con cada chakra antes de pasar al siguiente. Así que vamos a dedicar una semana a cada chakra. Si insiste en trabajar más de una vez a la semana, puede elegir lo que mejor le funcione, pero tenga en cuenta que esto toma su tiempo. Así que, empecemos.

Rutina del chakra raíz

Día 1

1. Cante LAM entre cinco y quince minutos por la mañana.

2. Ponga una gota de aceite esencial de rosa en el cuello de su camisa o en la parte posterior de las orejas después de ducharse.

3. Haga un poco de respiración del chakra raíz durante cinco minutos al mediodía, visualizando la luz roja a su alrededor.

4. Medite durante cinco minutos con un rubí o algún otro cristal del chakra raíz en la mano mientras piensa en

alguna de las afirmaciones mencionadas.

5. Al final del día, cante «Oh» entre cinco y quince minutos.

Día 2

1. Cante «Oh» a primera hora de la mañana entre cinco y quince minutos.

2. Durante cinco minutos, visualice su chakra raíz y haga la respiración del color del chakra para deshacerse de cualquier bloqueo que vea en su mente.

3. Elija una afirmación y piense en ella durante cinco minutos.

4. Coma algo rojo, meditando en cada bocado a medida que lo traga.

5. Al final del día, cante LAM.

Día 3

1. Comience el día pensando en una de las afirmaciones que se dan en este libro. Dedique al menos cinco minutos a esto.

2. Salga al exterior descalzo y permanezca sobre la tierra durante diez minutos, contagiándose de la energía de la tierra.

3. Haga la respiración refrescante mientras repite el mantra LAM en su mente.

4. Haga la postura de la guirnalda durante cinco minutos.

5. Termine el día pensando en una afirmación diferente.

Día 4

1. Cante LAM al comienzo de su día durante diez minutos.

2. Practique la alimentación consciente con uno de los alimentos del chakra rojo.

3. Haga la postura de la pinza durante cinco minutos.

4. Siéntese durante quince minutos y visualice que lo envuelve una luz roja brillante y hermosa.

5. Termine el día repitiendo un mantra en voz alta mientras se duerme.

Día 5

1. Cante LAM durante quince minutos para empezar el día.
2. Lea todas las afirmaciones del chakra raíz una y otra vez durante cinco minutos. Sienta las palabras que dice.
3. Trabaje con algún aceite esencial y siéntese a meditar sobre el olor y la forma en que lo hace sentir en la zona del chakra raíz.
4. Haga la postura de la guirnalda mientras canta mentalmente LAM durante cinco minutos.
5. Termine el día cantando «Oh» mientras se duerme.

Día 6

1. Comience cantando LAM durante cinco minutos, luego «Oh» durante otros cinco, y termine con LAM de nuevo durante cinco minutos, para un total de quince minutos.
2. Camine descalzo por el exterior y, a cada paso, visualice la luz roja que sale de la tierra, subiendo por sus piernas y llegando a su chakra raíz.
3. Coma una comida del chakra raíz con atención.
4. Haga la postura de la pinza durante cinco minutos.
5. Acuéstese cantando LAM, luego «Oh», y luego LAM, durante cinco minutos cada uno.

Día 7

1. Comience el día respirando luz roja en su chakra raíz durante quince minutos mientras se concentra mentalmente en el mantra LAM.
2. Salga a la calle y acuéstese de espaldas sobre la hierba. Contágiese de la energía de la tierra.
3. Haga las posturas de la guirnalda y de la pinza, haciendo ciclos de ida y vuelta durante diez minutos.
4. Practique la técnica de la respiración alterna durante diez minutos.
5. Acuéstese cantando «Oh» mientras se duerme.

Rutina del chakra sacro

Día 1

1. Cante VAM durante cinco minutos.
2. Haga la respiración del cráneo brillante mientras se visualiza rodeado de luz naranja.
3. Medite con un cristal del chakra sacro durante cinco minutos.
4. Haga la respiración victoriosa durante cinco minutos mientras trabaja con aceite esencial.
5. Cante «OO» al final del día durante cinco minutos.

Día 2

1. Cante «OO» durante cinco minutos.
2. Realice la respiración victoriosa mientras hace la meditación de limpieza de chakras.
3. Medite sobre el aroma de un aceite esencial para el chakra sacro y sienta cómo afecta a su chakra sacro. Hágalo durante cinco minutos.
4. Haga la respiración del brillo del cráneo durante cinco minutos.
5. Termine el día cantando VAM durante cinco minutos antes de acostarse.

Día 3

1. Piense en una de las afirmaciones durante cinco minutos.
2. Haga la postura del ángulo atado durante cinco minutos.
3. Trabaje con un cristal y aceites esenciales en una meditación de cinco minutos.
4. Medite y visualice su chakra sacro despejándose y volviéndose activo y claro.
5. Cante VAM durante cinco minutos antes de acostarse. No haga nada más después. Solo vaya a dormir.

Día 4

1. Cante mentalmente VAM mientras hace una meditación de respiración durante diez minutos.

2. Haga la postura de la diosa danzante durante cinco minutos.

3. Practique la alimentación meditativa con algunos de los alimentos del chakra sacro.

4. Durante cinco minutos, sobrecargue su ser con un poco de luz naranja.

5. Termine el día pensando en la afirmación que más llame su atención.

Día 5

1. Cante mentalmente «OO» mientras hace una meditación respiratoria durante diez minutos.

2. Haga las posturas del ángulo atado y de la diosa danzante durante cinco minutos cada una.

3. Elija una afirmación de este libro en la que concentrarse y piense en ella durante diez minutos.

4. Medite en un cristal sacro durante diez minutos.

5. Termine su día contemplando dos afirmaciones que signifiquen mucho para usted.

Día 6

1. Elija un mantra y medite en él durante cinco minutos.

2. Respire la luz naranja durante quince minutos.

3. Ponga un poco de agua en un cuenco y contémplela durante cinco minutos. También puede tocarla si quiere.

4. Siéntese con un cristal y visualice su energía como luz naranja que lo envuelve durante cinco minutos.

5. Cante el mantra VAM durante quince minutos, dejando que se apodere de usted.

Día 7

1. Cante VAM durante cinco minutos, «OO» durante cinco minutos, y VAM nuevamente durante cinco minutos más.

2. Alterne entre las posturas de la diosa danzante y del ángulo atado durante quince minutos.

3. Contemple lo que más desea en el mundo en este momento mientras repite para sí mismo: «Merezco todo el bien que deseo».

4. Realice la respiración del brillo del cráneo durante cinco minutos con un cristal y un aceite esencial.

5. Termine el día cantando mentalmente VAM, luego «OO», y VAM una vez más durante cinco minutos cada uno.

Rutina del plexo solar

Día 1

1. Cante RAM durante cinco minutos a primera hora de la mañana.

2. Aplique un poco de aceite esencial para este chakra en el cuello de la camisa, y luego haga la respiración del abejorro durante cinco minutos.

3. Haga el ejercicio de limpieza de chakras en el que se deshace de toda la oscuridad y los bloqueos en su chakra del plexo solar.

4. Piense en una afirmación y lo que significa para usted durante cinco minutos.

5. Termine su día cantando durante cinco minutos «AH».

Día 2

1. Cante «AH» durante cinco minutos al levantarse.

2. Realice la postura de elevación alterna de piernas, tomando descansos tantas veces como sea necesario. Hágalo durante cinco minutos.

3. Repita todas las afirmaciones para usted mismo durante cinco minutos, deteniéndose en lo que significan para usted.

4. Elija un aceite esencial y medite en él durante cinco minutos.

5. Termine el día cantando mentalmente RAM.

Día 3

1. Elija una afirmación para pensar en ella durante cinco minutos al despertar.

2. Practique la alimentación meditativa utilizando uno de los alimentos del chakra del plexo solar.

3. Elija un cristal y medita en él durante diez minutos, cargándose con su energía.

4. Rodéese de luz amarilla brillante para cargar su chakra durante cinco minutos.

5. Termine el día concentrándose en una afirmación diferente a la primera durante cinco minutos antes de acostarse.

Día 4

1. Cante mentalmente «AH» durante diez minutos por la mañana.

2. Haga la postura de la cobra durante cinco minutos mientras imagina que lo rodea una luz amarilla.

3. Elija una afirmación y concéntrese en ella mientras camina al aire libre durante diez minutos.

4. Escoja un nuevo cristal, si lo tiene, y contémplelo durante cinco minutos.

5. Termine el día cantando mentalmente RAM durante diez minutos.

Día 5

1. En su mente, cante RAM por la mañana durante cinco minutos.

2. Haga la postura de elevación alterna de piernas durante cinco minutos mientras se concentra mentalmente en el sonido semilla RAM.

3. Trabaje con un aceite esencial y un cristal de su elección, meditando en ellos y conectando con su chakra del plexo solar durante diez minutos.

4. Haga la postura de la cobra durante cinco minutos mientras medita en el sonido «AH».

5. Termine el día cantando «AH» en su mente durante cinco minutos antes de acostarse.

Día 6

1. Cante RAM durante diez minutos y sienta cómo reacciona su plexo solar.

2. Escoja dos afirmaciones que resuenen con usted y contémplelas durante diez minutos cada una mientras respira luz amarilla.

3. Practique la alimentación meditativa con uno o varios de los alimentos del plexo solar.

4. Involucre su plexo solar con su sentido del olfato meditando en el aroma de un aceite esencial durante cinco minutos.

5. Termine el día cantando «AH» durante diez minutos y sienta cómo le afecta.

Día 7

1. Comience su día cantando RAM, luego «AH», luego RAM de nuevo durante cinco minutos cada uno.

2. Alterne entre la postura de la cobra y la elevación alternativa de piernas durante quince minutos.

3. Visualice la limpieza de los chakras durante cinco minutos.

4. Practique una comida meditativa con los alimentos amarillos adecuados.

5. Termine su día cantando «AH», luego RAM, luego «AH» durante cinco minutos cada uno.

Rutina del chakra del corazón

Día 1

1. Cante YAM durante cinco minutos a primera hora de la mañana.

2. Aplique un poco de aceite esencial en el cuello de la camisa, y luego haga la respiración en tres partes durante cinco minutos.

3. Haga el ejercicio de limpieza de chakras en el que se deshace de toda la oscuridad y los bloqueos en su chakra del corazón.

4.Piense en una afirmación y lo que significa para usted durante cinco minutos.

5.Termine el día con un canto de cinco minutos de «AY».

Día 2

1.Cante «AY» durante cinco minutos al levantarse.

2.Realice la postura del camello durante cinco minutos, haciendo los descansos que sean necesarios.

3.Repita todas las afirmaciones para usted mismo durante cinco minutos, deteniéndose en lo que significan para usted.

4.Elija un aceite esencial y medite en él durante cinco minutos.

5.Termine el día cantando mentalmente YAM.

Día 3

1.Elija una afirmación para contemplar durante cinco minutos al despertar.

2.Practique la alimentación meditativa utilizando uno de los alimentos del chakra del corazón.

3.Elija un cristal y medite en él durante diez minutos, contagiándose de su energía.

4.Haga la postura del gato/vaca durante cinco minutos.

5.Termine el día concentrándose en una afirmación diferente a la anterior durante cinco minutos antes de acostarse.

Día 4

1.Cante mentalmente «AY» durante diez minutos por la mañana.

2.Haga la postura del puente durante cinco minutos mientras imagina que lo rodea una luz verde.

3.Elija una afirmación y concéntrese en ella mientras camina al aire libre durante diez minutos.

4.Escoja un nuevo cristal, si lo tiene, y contémplelo durante cinco minutos.

5.Termine el día cantando mentalmente YAM durante diez minutos.

Día 5

1. En su mente, cante YAM por la mañana durante cinco minutos.

2. Haga la postura del puente durante cinco minutos mientras se concentra mentalmente en el sonido semilla YAM.

3. Trabaje con un aceite esencial y un cristal de su elección, meditando en ellos y conectando con su chakra del corazón durante diez minutos.

4. Haga la postura del gato/vaca durante cinco minutos mientras medita en el sonido «AY».

5. Termine el día cantando «AY» en su mente durante cinco minutos antes de acostarse.

Día 6

1. Cante «YAM» durante diez minutos y sienta cómo reacciona su chakra del corazón.

2. Escoja dos afirmaciones con las que resuene y contémplelas durante diez minutos cada una mientras respira luz verde.

3. Practique la alimentación meditativa con uno o varios de los alimentos del chakra del corazón.

4. Involucre su centro de energía del corazón con su sentido del olfato meditando en el aroma de un aceite esencial durante cinco minutos.

5. Termine el día cantando «AY» durante diez minutos y sienta cómo le afecta.

Día 7

1. Comience su día cantando YAM, luego «AY», y luego YAM de nuevo durante cinco minutos cada uno.

2. Alterne las posturas del gato/vaca, del camello y del puente durante quince minutos.

3. Visualice la limpieza de los chakras durante cinco minutos.

4. Haga una comida meditativa con los alimentos verdes adecuados.

5.Termine el día cantando «AY», luego «YAM» y luego «AY» durante cinco minutos cada uno.

Rutina del chakra de la garganta

Día 1

1.Por la mañana, cante HAM durante cinco minutos como mínimo, quince minutos como máximo.

2.Ponga una gota de aceite esencial en el cuello de su camisa o en la parte posterior de las orejas después de la ducha.

3.Haga una respiración del chakra de la garganta durante cinco minutos al mediodía, visualizando la luz azul a su alrededor.

4.Medite durante cinco minutos con un cristal del chakra de la garganta en la mano mientras contempla alguna de las afirmaciones.

5.Al final del día, cante «EE» entre cinco y quince minutos.

Día 2

1.Cante «EE» a primera hora de la mañana, entre cinco y quince minutos.

2.Durante cinco minutos, visualice su chakra de la garganta y haga la respiración del color del chakra para deshacerse de cualquier bloqueo que vea en su mente.

3.Elija una afirmación para contemplarla durante cinco minutos.

4.Coma algo azul, meditando en cada bocado a medida que lo traga.

5.Al final del día, cante HAM.

Día 3

1.Comience el día contemplando una de las afirmaciones que se dan en este libro. Dedique al menos cinco minutos, máximo quince.

2.Envuélvase en luz azul para cargar su chakra durante cinco minutos.

3.Haga la respiración contra la ola mientras repite el mantra HAM en su mente.

4. Haga la postura de la cobra bebé durante cinco minutos.

5. Termine el día contemplando una afirmación diferente a la anterior durante cinco minutos.

Día 4

1. Cante HAM al comienzo de su día durante diez minutos.

2. Practique la alimentación consciente con uno de los alimentos azules del chakra.

3. Haga la postura del pez durante cinco minutos.

4. Siéntese durante quince minutos, visualizando que lo envuelve una luz azul brillante y hermosa.

5. Termine el día repitiendo un mantra en voz alta antes de dormir.

Día 5

1. Cante HAM durante quince minutos para empezar el día.

2. Lea todas las afirmaciones para el chakra de la garganta una y otra vez durante cinco minutos. Sienta las palabras que dice.

3. Trabaje con algún aceite esencial y siéntese a meditar sobre el olor y la forma en que lo hace sentir en la zona del chakra de la garganta.

4. Haga la postura del arado mientras canta mentalmente HAM durante cinco minutos.

5. Termine el día cantando «EE» mientras se duerme.

Día 6

1. Comience cantando HAM durante cinco minutos, luego «EE» durante cinco, y termine con HAM de nuevo durante cinco minutos, para un total de quince minutos.

2. Vaya descalzo a dar un paseo al aire libre y, a cada paso, visualice la luz azul que desciende del cielo, moviéndose hacia abajo a través de la parte superior de su cabeza y llegando a descansar en su chakra de la garganta.

3. Coma una comida del chakra de la garganta con atención.

4. Haga las posturas del pez y de la cobra bebé durante cinco minutos, alternando entre ambas.

5.Acuéstese cantando HAM, luego «EE» y luego HAM, durante cinco minutos cada uno.

Día 7

1.Comience su día respirando luz azul en su chakra raíz durante quince minutos mientras se concentra mentalmente en el mantra HAM.

2.Salga a la calle y acuéstese de espaldas sobre la hierba. Contágiese de la energía del cielo.

3.Haga las posturas del pez, del arado y de la cobra bebé, alternándolas durante quince minutos.

4.Haga la técnica de respiración contra la ola durante diez minutos.

5.Acuéstese cantando «EE» mientras se duerme.

Rutina del chakra del tercer ojo

Día 1

1.Cante OM durante cinco minutos.

2.Haga la respiración de fuelle mientras se visualiza rodeado de luz índigo.

3.Medite con un cristal del chakra del tercer ojo durante cinco minutos.

4.Respire la luz índigo durante cinco minutos mientras trabaja con un aceite esencial.

5.Cante «MMMM» al final del día durante cinco minutos.

Día 2

1.Cante «MMMM» durante cinco minutos.

2.Realice la respiración de fuelle mientras hace la meditación de limpieza de chakras.

3.Medite sobre el aroma de un aceite esencial para el chakra del tercer ojo durante cinco minutos y sienta cómo le afecta.

4.Haga la postura del niño durante cinco minutos.

5.Termine el día cantando «OM» durante cinco minutos antes de acostarse.

Día 3

1. Contemple una de las afirmaciones durante cinco minutos.
2. Haga la postura del cachorro durante cinco minutos.
3. Trabaje con un cristal y aceites esenciales en una meditación de cinco minutos.
4. Medite y visualice que su chakra se aclara y se vuelve activo y claro.
5. Cante «OM» durante cinco minutos antes de acostarse. No haga nada más después. Solo vaya a dormir.

Día 4

1. Cante mentalmente «OM» mientras hace la respiración de fuelle durante diez minutos
2. Haga la postura de las piernas bailando en la pared durante cinco minutos.
3. Practique la alimentación meditativa con alguno o varios de los alimentos de este chakra.
4. Durante cinco minutos, sobrecargue su cuerpo con un poco de luz índigo.
5. Termine el día contemplando la afirmación que más lo llame.

Día 5

1. Cante mentalmente MMMM mientras hace una meditación de respiración durante diez minutos
2. Haga la postura del niño, la del cachorro y la de las piernas en la pared durante cinco minutos cada una.
3. Escoja una afirmación de este libro para concentrarse en ella y contémplela durante diez minutos.
4. Medite en un cristal del chakra del tercer ojo durante diez minutos.
5. Termine el día contemplando dos afirmaciones que signifiquen mucho para usted.

Día 6

1. Elija un mantra y medite en él durante cinco minutos.
2. Respire luz índigo durante quince minutos.

3.Cante «OM» durante diez minutos mientras visualiza la limpieza del chakra.

4.Siéntese con un cristal y visualice su energía como luz índigo, envolviéndolo durante cinco minutos.

5.Cante el mantra «OM» durante quince minutos, dejando que se apodere de usted.

Día 7

1.Cante «OM» durante cinco minutos, «MMMM» durante cinco minutos y «OM» durante cinco minutos más.

2.Alterne entre la postura del niño, la postura de las piernas en la pared y la postura del cachorro durante quince minutos.

3.Contemple lo que sea que le haya estado preocupando y afirme con calma: «Todo está bien».

4.Realice la respiración de fuelle durante cinco minutos mientras lleva un cristal y un aceite esencial.

5.Termine el día cantando mentalmente «OM», luego «MMMM» y «OM» una vez más durante cinco minutos cada uno.

Rutina del chakra de la corona

Día 1

1.Por la mañana, cante «NG» durante cinco minutos como mínimo, quince minutos como máximo.

2.Ponga una gota de aceite esencial en el cuello de su camisa o en la parte posterior de las orejas después de la ducha.

3.Haga una respiración del chakra de la corona durante cinco minutos al mediodía, visualizando la luz blanca a su alrededor.

4.Medite durante cinco minutos con un cristal del chakra de la corona en la mano mientras contempla alguna de las afirmaciones.

5.Al final del día, cante «NG» entre cinco o quince minutos.

Día 2

1. Cante «NG» a primera hora de la mañana entre cinco y quince minutos.

2. Durante cinco minutos, visualice su chakra de la corona y haga la respiración del color del chakra para deshacerse de cualquier bloqueo que vea con su mente.

3. Elija una afirmación para contemplar durante cinco minutos.

4. Coma algo de color violeta, meditando en cada bocado a medida que lo va consumiendo.

5. Al final del día, cante un mantra con el que resuene profundamente.

Día 3

1. Comience su día contemplando una de las afirmaciones que se dan en este libro. Dedique al menos cinco minutos, máximo quince.

2. Envuélvase en una luz violeta para cargar su chakra durante cinco minutos.

3. Haga la respiración de sorbo mientras repite el mantra «NG» en su mente.

4. Haga la postura del conejo bebé de pie durante cinco minutos.

5. Termine el día contemplando una afirmación diferente a la anterior durante cinco minutos.

Día 4

1. Cante «NG» al comienzo de su día durante diez minutos.

2. Practique la alimentación consciente con uno de los alimentos blancos del chakra de la corona.

3. Haga la postura del cocodrilo durante cinco minutos.

4. Siéntese durante quince minutos, visualizando que lo envuelve una brillante y hermosa luz violeta y blanca.

5. Termine el día repitiendo un mantra en voz alta mientras se duerme.

Día 5

1. Cante «NG» durante quince minutos para empezar el día.

2. Lea todas las afirmaciones de este chakra una y otra vez durante cinco minutos. Sienta las palabras que dice.

3. Trabaje con algún aceite esencial y siéntese a meditar sobre el olor y la forma en que lo hace sentir en la zona del chakra de la corona mientras haces la respiración refrescante.

4. Haga la postura de la cara de vaca mientras canta mentalmente «NG» durante cinco minutos.

5. Termine el día cantando una afirmación mientras se duerme.

Día 6

1. Comience cantando «NG» durante quince minutos.

2. Vaya descalzo a dar un paseo al aire libre y, a cada paso, visualice la luz blanca que desciende del cielo, moviéndose hacia abajo a través de la parte superior de su cabeza y cargando su chakra de la corona.

3. Coma un alimento del chakra de la corona con atención.

4. Haga las posturas del conejo, del cocodrilo y de la cara de vaca durante cinco minutos cada una, alternando entre las tres.

5. Acuéstese cantando «NG» durante quince minutos. No haga nada más después. Solo vaya a dormir.

Día 7

1. Comience el día respirando luz blanca en su chakra de la corona durante quince minutos mientras se concentra mentalmente en el mantra «NG».

2. Salga al exterior y acuéstese de espaldas sobre la hierba. Contágiese de la energía del cielo.

3. Haga las tres posturas de yoga indicadas en el libro para este chakra, alternándolas durante quince minutos.

4. Haga la técnica de la respiración por sorbos durante diez minutos.

5. Acuéstese cantando «NG» mientras se duerme.

Notas

Si quiere obtener resultados reales, necesita ser constante con esto y hacerlo tan metódicamente como pueda mientras se mantiene abierto a cualquier experiencia que resulte de sus esfuerzos.

Extra: Cuestionario rápido - ¿Cuál de mis chakras está desequilibrado?

1. ¿Qué es lo que más le preocupa?
   a. Miedo
   b. Culpa
   c. Vergüenza
   d. Dolor
   e. Deshonestidad
   f. Delirios
   g. Apegos

2. ¿En qué forma de crecimiento se encuentra ahora mismo?
   a. Autocuidado
   b. Cuidado de su cuerpo
   c. Autoaprendizaje
   d. Amor propio
   e. Autoexpresión
   f. Diario
   g. Toma de conciencia

3. ¿Qué color le atrae más?

   a. Rojo

   b. Naranja

   c. Amarillo

   d. Verde

   e. Azul

   f. Índigo

   g. Violeta

4. ¿Dónde tiende a tener más problemas?

   a. Problemas financieros

   b. Problemas de traición

   c. Miedo al rechazo

   d. Miedo a estar solo

   e. Miedo a perder el control

   f. Mal humor constante

   g. Miedo a la alienación

5. ¿Qué cristal le atrae más?

   a. Rubí

   b. Citrino

   c. Ámbar

   d. Esmeralda

   e. Lapislázuli

   f. Purpurita

   g. Cuarzo claro

6. ¿Qué alimentos le atraen más en este momento?

   a. Fresas

   b. Naranjas

   c. Plátanos

   d. Uvas verdes

   e. Arándanos

   f. Berenjena

   g. Apio

7. ¿Cuáles de los siguientes sonidos (*bija* mantras, o sonidos semilla) le hacen reaccionar más notablemente?

   a. Lam

   b. Vam

   c. Ram

   d. Yam

   e. Ham

   f. Om

   g. Ng

8. ¿Qué es lo que mejor le vendría a su vida ahora mismo?

   a. Seguridad

   b. Sensualidad

   c. Poder

   d. Amor

   e. Verdad

   f. Perspectiva

   g. Sabiduría

9. Si tuviera que elegir una de las siguientes opciones, ¿cuál sería?

   a. Tener

   b. Sentir

   c. Actuar

   d. Amar

   e. Hablar y ser escuchado

   f. Ver

   g. Saber

10. En este momento, ¿qué es lo que más le atrae?

    a. Tierra

    b. Fuego

    c. Agua

    d. Aire

    e. Sonido

f. Luz

g. Pensamientos

Cada letra del alfabeto utilizada para representar las opciones representa un chakra en orden ascendente, desde la raíz hasta la coronilla.

Pregunta 1: Se refiere al desequilibrio con el que probablemente esté lidiando.

Pregunta 2: Muestra que está trabajando en ese tema, lo que significa que de alguna manera es consciente del chakra que le da problemas.

Pregunta 3: El color que le atrae es probablemente el chakra que más debe trabajar, y el que menos le atrae debería mostrarle más pruebas de lo que le preocupa.

Pregunta 4: El aspecto de la vida que más le afecte debería mostrarle dónde se encuentra su desequilibrio.

Pregunta 5: Se sentirá atraído por el cristal que coincida con el chakra que más necesita trabajar en su vida.

Pregunta 6: Se siente atraído por ese alimento porque es probable que ese chakra necesite trabajo.

Pregunta 7: Es probable que reaccione más al sonido semilla para el chakra más desequilibrado o bloqueado que tenga.

Pregunta 8: Esto evidencia lo que más necesita, que está relacionado con el chakra correspondiente que está desequilibrado o inactivo.

Pregunta 9: Su respuesta aquí es reveladora de lo que necesita ser trabajado.

Pregunta 10: El elemento que elija estará probablemente ligado a lo que está trabajando.

Obviamente, no todas sus respuestas coincidirán, pero podría ser una señal de que necesita trabajar en más de un chakra. Eso está bien, y no hay nada de qué preocuparse. Simplemente haga las rutinas indicadas para cada uno de los chakras o mézclelas según sea necesario. Siempre que sea constante y muestre a cada chakra el mismo amor, obtendrá los resultados que busca.

Vea más libros escritos por Mari Silva

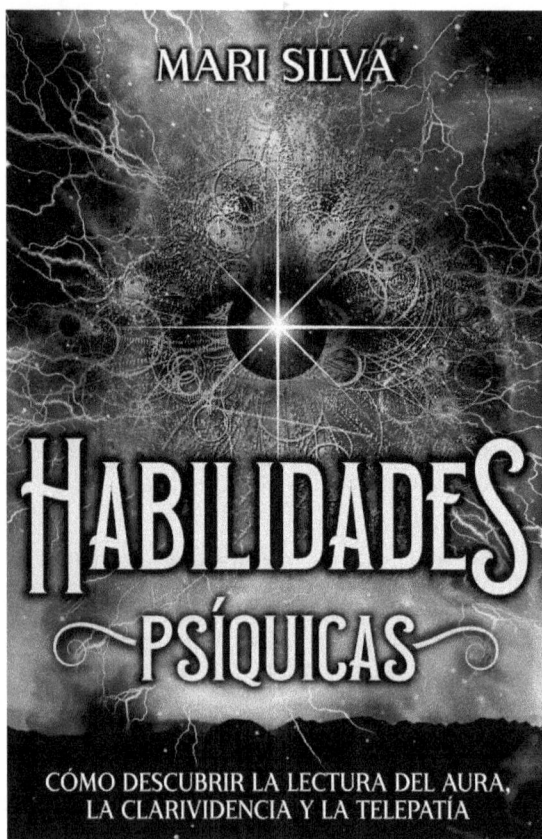

Su regalo gratuito

¡Gracias por descargar este libro! Si desea aprender más acerca de varios temas de espiritualidad, entonces únase a la comunidad de Mari Silva y obtenga el MP3 de meditación guiada para despertar su tercer ojo. Este MP3 de meditación guiada está diseñado para abrir y fortalecer el tercer ojo para que pueda experimentar un estado superior de conciencia.

Referencias

Arora, I. (2010, diciembre). Meditación de Chakra con Mudra y Mantra. En International Symposium on YOGism.

Bhavanani, A. B., & Ramanathan, M. (2014). La meditación: el yoga interior. Recuerdo del CME sobre «Sueño, conciencia y meditación: correlatos neurológicos». Departamento de Fisiología y CYTER, MGMCRI, Puducherry.

Chaturvedi, D. K., Arora, J. K., & Bhardwaj, R. (2015). Efecto de la meditación en la energía del chakra y los parámetros hemodinámicos. Revista internacional de aplicaciones informáticas.

Dudeja, J. P. (2017). Análisis científico de la meditación basada en mantras y sus efectos beneficiosos: Una visión general. International Journal of Advanced Scientific Technologies in Engineering and Management Sciences.

Fernros, L., Furhoff, A. K., & Wändell, P. E. (2008). Mejorando la calidad de vida juntando terapias corporales y mentales: evaluación de una intervención con el movimiento del cuerpo y terapias de respiración, visualizaciones guiadas, experimentación de los chakras y meditación para la conciencia. Quality of life research.

Goswami, S. S. (1999). Layayoga: La guía definitiva de los chakras y *kundalini*. Simon and Schuster.

Johari, H. (2000). Chakras: Centros energéticos de transformación. Simon and Schuster.

Kim, T. S., Park, J. S., y Kim, M. A. (2008). La relación entre la meditación de poder y el bienestar. Nursing Science Quarterly.

Lim, S., & Lee, H. (2020). Autoexploración de la ansiedad en personas con experiencia en la meditación de chakras - Los efectos de la meditación en la percepción de la salud mental.

Poonia, S., & Gurjar, K. S. (2020). El efecto de la meditación de chakras en el chakra del corazón. Indian Journal of Physical Education, Sports Medicine & Exercise Science.

Rajalakshmi, M. C. (2019). Eficacia de la meditación del *Ajna* chakra en el insomnio primario (Tesis doctoral, Government Yoga and Naturopathy Medical College, Chennai).

Redmond, L. (2012). Meditación de chakras: La transformación a través de los siete centros energéticos del cuerpo. Sounds True.

Sanyal, K. Meditación de chakras y su relación con los cinco elementos en la naturaleza. Papel de las artes, la cultura, las humanidades, la religión, la educación, la ética, la filosofía, la espiritualidad y la ciencia para el desarrollo holístico de la sociedad.

Viswanathan, P., y Pinto, N. (2015). Los efectos de la meditación de los chakras basada en la música clásica en los síntomas del síndrome premenstrual. Int J Indian Psychology